科研人员即兴能力开发与创新绩效提升研究

何 辉 著

中国财经出版传媒集团
中国财政经济出版社

图书在版编目（CIP）数据

科研人员即兴能力开发与创新绩效提升研究 / 何辉著. -- 北京：中国财政经济出版社，2023.6
ISBN 978-7-5223-2123-3

Ⅰ.①科… Ⅱ.①何… Ⅲ.①科研人员－科研能力－研究 Ⅳ.①G316

中国国家版本馆 CIP 数据核字（2023）第 054369 号

责任编辑：彭　波　　　　责任印制：史大鹏
封面设计：卜建辰　　　　责任校对：徐艳丽

中国财政经济出版社 出版
URL：http：//www. cfeph. cn
E-mail：cfeph@ cfeph. cn

社址：北京市海淀区阜成路甲 28 号　邮政编码：100142
营销中心电话：010-88191522
天猫网店：中国财政经济出版社旗舰店
网址：https：//zgczjjcbs. tmall. com
北京财经印刷厂印刷　各地新华书店经销
成品尺寸：170mm×240mm　16 开　11.25 印张　156 000 字
2023 年 6 月第 1 版　2023 年 6 月北京第 1 次印刷
定价：68.00 元
ISBN 978-7-5223-2123-3
（图书出现印装问题，本社负责调换，电话：010-88190548）
本社质量投诉电话：010-88190744
打击盗版举报热线：010-88191661　QQ：2242791300

前言

目前我国经济正处于高速增长阶段转向高质量发展阶段的关键时期，且面临世界百年未有之大变局和新冠肺炎疫情的叠加冲击。党的十九届五中全会提出“加快构建以国内大循环为主体、国内国际双循环相互促进的新发展格局”这一目标，这是新形势下的重要指导思想和原则。要实现这一目标，必须紧紧依靠科技创新，高度重视创新人才培养，激发科技人员的创新活力。由于创新在很大程度上是不可预知的，在创新过程中企业必须面对复杂的市场和制度环境的持续变化，必须具备快速处理突发事件的能力，善于捕捉突然出现且稍纵即逝的机会，这就把即兴研究引入我们的视野。创新所需要的灵活性、机会主义和适应性，与即兴的特征非常相似。以往研究表明，即兴是创新的重要组成部分，即兴能力的发挥与创新成功息息相关。因此，本研究拟从即兴视角研究科研人员创新，并提出相应的对策建议。

基于微观基础理论和能力层级理论，本书认为即兴能力并非天生，而是一种学习能力，并从个体、交互作用和结构三个要素探讨了科研人员即兴能力的形成，研究了科研人员即兴能力对创新绩效的影响机制。本书还尝试构建了即兴能力培训体系，验证了即兴能力的可开发性，并在此基础上继续证实了即兴能力提升对个体创新的作用机制。

本书的主要结论包括：1. 个体经验和个体搜集外部知识这两种知识交互形式分别从经验和创新的途径促进科研人员即兴能力的形成；2. 最小结构作为情境因素倒“U”形调节了两种知识交互与即兴能力间的关系；3. 科研人员的即兴能力发挥能够促进他们的创新绩效，且知识转移中介了即兴对创新的影响；4. 最小结构不仅倒“U”形调节了科研人员即兴与创新绩效间的关系，还倒“U”形调节了知识转移的中介作用；5. 即兴能力体现为一种隐藏在操作能力和动态能力背后的学习能力，可以通过培训得以开发或提升，且互动游戏的培训效果要显著好于授课培训。

上述结论既可为科研人员即兴能力的培训与开发提供理论支撑和实践借鉴，也有利于从组织内外两个渠道引导和促进科研人员的知识交互，并为科研人员的知识转移搭建平台，最终提升他们的即兴能力和创新绩效。另外，管理者也要为科研人员的即兴与创新构建支持性的组织环境，允许他们犯错并给予一定的工作自主权。

目　录

第1章

绪　论

1.1 研究背景

自从党的十八大提出创新驱动发展战略，把科技创新摆在国家发展全局的核心位置，科技创新就成为提高社会生产力和综合国力的重要战略支撑。党的十九大报告50余次提到创新，这是源于对我国经济发展阶段的战略判断。目前我国经济已由高速增长阶段转向高质量发展阶段，转变发展方式、优化经济结构、转换增长动力都必须紧紧依靠创新驱动来实现。党的十九届五中全会提出："加快构建以国内大循环为主体、国内国际双循环相互促进的新发展格局"这一目标，这是新发展格局下的重要指导思想和原则。要实现这一目标，就要增强产业链、供应链自主可控能力，尽快解决产业薄弱环节的"卡脖子"问题。

掰开"卡住脖子的手"，关键是要聚集一批想创新、敢创新、能创新的人才。党的十八大以来，党中央高度重视人才工作，将培养人才与发展科技、增强创新和保护知识产权紧密结合。党的十九届六中全会强调："深入实施新时代人才强国战略，加快建设世界重要人才中心和创新高地"，为新时代人才工作指明了奋斗目标和努力方向。"十四五"规划和2035年远景目标纲要对科教兴国战略、创新驱动发展战略及教育强国、人才强国等系列强国战略进行了具体部署，即一方面鼓励企业加大研发投入，提升企业技术创新能力；另一方面要深化人才发展体制机制改革，激发人才创新活力，造就更多一流的科技领军人才和创新团队。

2021年9月20日，世界知识产权组织在日内瓦发布了《2021年全球创新指数》，中国排名第12位，较2020年上升2位。经过十多年的创新发展，中国排名快速攀升，创新能力显著提升。但是，我们必须意识到科技创新并非易事，在创新过程中企业必须面对复杂的市场和制度环境的持续变化（郭润萍、蔡莉，2014），善于捕捉突然出现且稍纵即逝的机会（Eisenhardt & Sull，2001），必须具备快速处理突发事件的能力（Levallet & Chan，2013），甚至能够把障碍转变为机会的能力（Balachara，2018）。这就要求对已有的有限资源进行创造性整合和利用（Di Domenico et al.，2010）。由于创新在很大程度上是不可预知的，需要一定的灵活性、机会主义和适应性，这与即兴的特征非常相似（Baker & Nelson，2005）。作为创新驱动的重要因素之一，即兴研究受到越来越多专家学者们的关注。国内外学者围绕即兴与创新、即兴与创业、即兴与教育培训、即兴与认知障碍治疗等方面进行了大量研究，均把即兴看作一种面对压力或突发状况，自发性、创造性地利用手边资源主动应对的行为能力，它强调“立即反应”和“意图创造”。

本研究首先基于微观基础理论，从个体、交互过程和结构三个要素探讨了科研人员即兴能力的形成过程（Felin et al.，2012），并从理论上推断出即兴能力是嵌套在操作能力和动态能力背后的一种学习能力，它并非天生，而是可以通过后天的培训和开发来获得并提升。科研人员即兴对创新绩效的影响是本研究的研究核心。由于即兴与创新的关系往往要受到某些情境变量的影响（Akgün & Lynn，2002；高鹏斌，2013），本研究其次引入最小结构作为调节变量，它与即兴密切相关。考虑到知识转移对创新的重要意义（Teece et al.，1997），本研究再次引进了知识转移作为中介变量，以探讨科研人员即兴发挥对创新绩效的作用机制。为了进一步验证即兴能力的习得性特征，本研究最后尝试初步构建了即兴能力开发体系，并以研究生为被试，采用实验法验证了即兴培训的有效性。

1.2 研究目的和意义

即兴最早起源于爵士乐和戏剧表演，被引入组织管理中后被认为是一种依靠自发性和创造性，利用现有可用资源去响应和解决许多突发问题的行为能力（阮国祥等，2015）。企业在创新过程中往往面临着诸多不确定性因素，为了更灵活地应对变化，科研人员必须具备即兴能力。那么即兴能力是个体天生具备还是后天学习获得？如果即兴能力可以通过后天培养形成，它是通过何种途径或方式形成？最小结构作为一种协调机制（Cunha & Kamoche，2002），被认为同时兼顾了规则性和灵活性（Kamoche & Cunha，2001），它是否会对即兴能力的形成过程产生影响？本研究基于能力形成的微观基础理论，从经验和创新两种交互作用出发，探讨科研人员即兴能力的形成过程，同时揭示最小结构作为情境要素对即兴能力形成的影响，这是本研究的第一个目的。

即兴对创新（绩效）的影响，国内外研究并未达成共识。尽管即兴对创新的积极促进作用成为主流观点，但也有学者认为即兴和创新的关系本身并不确定，要受到组织资源和环境变量的调节。中国背景下，科研人员即兴能力发挥如何影响他们的创新绩效？知识转移作为知识管理中最基本也最复杂的活动，不仅与即兴高度相关，也是学习和创新的前提和基础，它是否能够传递即兴对创新绩效的影响？最小结构作为情境因素，是否会显著影响即兴能力对创新绩效的作用机制？本研究采用实证方法，探究科研人员即兴能力对创新绩效的作用路径，验证知识转移在科研人员即兴和创新绩效间的传递机制，揭示最小结构的调节作用，这是本研究的第二个目的。

即兴能力是操作能力、动态能力和学习能力这三种能力的集合。其中学习能力是最高阶的能力，能够引导操作能力和动态能力的发展。这意味着即兴能力并非天生，它能够通过后天培训得到开发或提升。如何借鉴戏剧即兴中“是的，并且”原则构建科研人员的即兴能力培训体系？如何验证即兴能力开发的有效性，以及即兴能力开发对个体创新的提升效果？本研究以在职研究生为对象，采用实验法比较了授课和游戏两种即兴培训方法的效果。在此基础上，进一步揭示即兴能力开发对个体创新的提升机制，这是本研究的第三个目的。

本研究的理论意义在于：第一，提出并验证了即兴能力最终表现为一种学习能力，可以通过后天培养得以开发和提升，该观点具有一定的原创性；应用“是的，并且”原则设计出两种即兴能力培训方法，并对培训前后个体即兴能力的变化进行比较，验证了即兴能力的习得性特征，也为组织构建即兴能力培训体系提供了理论支撑。第二，基于能力形成的微观基础理论，从个体、交互过程和结构三个要素探讨科研人员即兴能力的形成，扩展了从微观层面推进能力形成及演化的相关研究成果。第三，在研究中引入并验证了最小结构的调节作用，打破了国内研究仅限于理论描述的现状，得出最小结构的“倒U”形调节结论，挑战了以往西方背景的研究成果，对完善即兴情境的本土化研究有一定的理论创新意义。第四，在即兴研究中首次引入知识转移，验证了知识转移在科研人员即兴能力与创新绩效间的传递机制，这不仅拓展了知识转移的来源研究，也能很好地帮助学者理解即兴与创新间的内在作用机理。

本研究也对促进研发人员即兴能力发挥，进而提升企业创新绩效提供借鉴。第一，研究结论能够帮助组织和管理者构建即兴能力培训体系，培养科研人员的即兴意识，引导他们从经验中学习，促使他们创造性地对现有的经验或模式进行重组，并按照“是的，并且”原则从任务技能、自我技能和人际技能三方面设计具体的培训方式方法。第二，培养科研人员的知识管理能力。促进科研人员的经验积累和外部知识搜集，搭建有利于科研人员知识转移的平台。具体做法包括构建学习共享平台、组建跨部门项目团队、建立健全知识共享激励机制等。第三，组织要为科研人员构建适度的最小结构环境。在绩效考核指标设计上要适度“留白”，留给科研人员自由发挥的空间，考核结果也要与科研人员及时沟通；管理者要给予科研人员适度的自主性，将“是的，并且”原则纳入组织文化，鼓励科研人员大胆创新，同时也要随时追踪科研人员的创新进展，防止无序即兴给组织带来混乱和损失。

1.3 基本概念的界定

1.3.1 即兴能力

“即兴”（Improvisation）一词最初来源于爵士乐和戏剧表演（Vera & Crossan，2004；Hatch，1997；Weick，1998a；Barrett，1998）。1993年Weick首次将即兴运用于组织管理领域，用来说明计划和执行同时发生或创造和执行在时间上的聚合。目前学者们大致从个人、团队和组织三个层面对即兴进行界定。在个人层面上，即兴被认为是在时间压力下，个体直觉、创造力与利用现有资源的混合能力，是个人对预料之外的管理和技术问题的响应与解决能力（Weick，1998a）；在团队层面上，即兴被认为是团队成员利用手头现有资源自发性和创造性地解决突发事件、实现企业既定目标的能力，包括团队认知即兴和团队行为即兴，前者是对新知识和资源要素重新组合利用的认知反应能力，后者是对计划采取行动的反应能力（Moorman & Miner，1998b；Cunha & Kamoche，2002）；在组织层面上，即兴是一种直觉引导的组织自发行为，是创作与执行的同时进行（Vera & Crossan，2005；Moorman & Miner，1998a）；在面临非预期的外部环境条件下组织协同相关主体，从可用而非最优的资源中寻找解决威胁或把握机会的能力（Crossan & Sorrentim，1997）。对于这三个层次的即兴能力，学者们普遍认为团队即兴建立在个人即兴基础上，但团队即兴大于个人即兴之和，因为个人即兴能力的总和创造了一种团队即兴能力的系统，而组织即兴往往被看成是大规模的团队即兴（Moorman & Miner，1998a；Cunha et al.，1999）。

1.3.2 知识交互

知识交互（Knowledge Interaction）这一概念最早产生于20世纪70年代的信息交互理论，是主体互动时的知识转化过程（Eugenia et al.，2013）。知识交互以知识获取和知识创新为目的，各知识主体可以通过知识交互活动获取自己尚未拥有的知识，同时将这种知识的交流当作创新的源泉（Doris，2002）。知识交互可以在个体、群体和组织间进行。个体间的交互可以促进共同解决双方问题和提出全新方案（Simone et al.，2014）；群体间的交互则可以改善团队任务成果（Jewell & Reitz，1981；DuBrin，2000）；组织间的交互涉及资源的调整以及对个体、群体交互的干预（Simone et al.，2014）。

知识交互推动即兴能力发挥。知识的互动、协调、合作和共享能够促进研发人员共同知识库的建立，有利于研发人员在面对风险时迅速做出回应。

1.3.3 知识转移

1977年Teece首次提出知识转移（Knowledge Transfer）的概念。著名的知识创造和转移模型（即SECI模型）指出知识创造中最为关键的阶段是从隐性知识到显性知识的转移（Nonaka，1991；Nonaka & Takeuchi，1995；汪克强、古继宝，2005）。通过社会化、外部化、组合化和内部化四种模式的交互运作，隐性知识与显性知识持续不断地转换与重组，从而实现知识创造的良性循环（疏礼兵、贾生华，2008）。可见，知识转移不仅是知识的流动，更包含着知识的传递和获取，知识接收者在获取新知识后会将新获得的知识与原有知识进行整合、重构，从而形成全新的知识基础即知识再造。

即兴能力发挥促进知识转移。这是因为即兴发挥有利于新知识的获取，能够弥补知识缺口，是推动知识转移并提出有效方案的关键因素。

1.3.4　创新（绩效）

1912年熊彼特首次提出创新（Innovation）概念，他认为创新不仅包括新产品、新材料和新技术的应用，还包含新市场的开辟和新的组织形态的出现。随着对创新研究的深入，一些学者开始将绩效的概念与创新相结合，利用创新绩效衡量企业的自主创新能力。

学者们分别从结果、过程以及结果和过程相结合的角度对创新绩效进行了界定。从结果角度来看，创新绩效主要体现在创新活动的产出及创新对组织的影响后果，包括企业在新产品、装备、过程与系统方面的成就（Hagedoorn & Cloodt，2003）。从过程角度来看，创新绩效是指从创新想法产生到产品进入市场的全过程（陈钰芬、陈劲，2009）。从结果和过程相结合的角度，创新绩效不仅仅是指企业赖以生存和发展的创新产品或技术，还涵盖研发人员在实现创新目标过程中的知识发现、创新流程和工作氛围等所有可能影响创新绩效的过程因素（Mumford，2000）。

1.3.5　最小结构

最小结构（Minimal Structure）来源于爵士即兴。它是指表演者在极少的音乐模式和现场规则的约束下表现出创造性和一致性（Hatch，1998）。爵士演奏就是即兴发挥，表演者既不受曲目限制，又要遵循一套固有的规则，被称为“最小结构”或“半结构”（Hatch，1998）。最小结构既释放了表演者的创造力，也阐明了创作和协作的特定方式，抑制了爵士演奏的混乱。

最小结构应用于组织管理领域，被看作是一种协调机制，实现了控制和自由的微妙平衡；控制是指标准化和惯例性的宏观特征，自由则是指创新自主性及团队自治性的微观特征（Eisenhardt & Graebner，2007）。

1.4 主要研究内容及创新点

本研究包含三个主要研究内容：一是以能力形成的微观基础理论为依据，推断出即兴能力是隐藏在操作能力和动态能力背后的一种学习机制，并从个体、交互过程和结构三个要素探索科研人员即兴能力的形成，以及最小结构在其中发挥的调节作用。二是探究了科研人员即兴能力发挥对创新绩效的作用机制，验证了知识转移在其中的传递效应，以及最小结构的调节效应。为了继续探究科研人员即兴能力开发对创新绩效的提升机制，本研究初步设计了两种即兴能力开发方法，采用实验法比较并证实了即兴培训的有效性，确认了即兴能够通过培训得以提升或开发这一论断。三是进一步验证了即兴能力对个体创新的作用路径。

主要创新点在于：

第一，本研究最大的理论创新之处在于提出并验证了即兴能力是一种习得性能力，能够通过培训得以开发或提升这一观点。结合能力层级理论，本研究认为即兴是操作能力、动态能力和学习能力三种能力层级的结合，其中即兴的学习能力位于最高阶，它能够引导操作能力和动态能力的发展。这意味着即兴能力并非天生，而是可以通过后天培养得以提升或开发。应用戏剧即兴的“是的，并且”原则，本研究设计了两种即兴能力培训方法，并通过比较培训前后个体即兴能力的变化验证了即兴能力的习得性特征，这为组织构建即兴能力培训体系奠定了理论基础。

第二，借鉴能力的微观基础理论，本研究从个体、交互过程和结构三个要素探讨科研人员即兴能力的形成。从微观基础理论视角研究即兴能力，既能够从微观层面解释组织异质性和竞争异质性的来源，也有利于组织管理者采取各种干预手段，包括干预个体认知、行为选择以及个体间的相互作用，以获取和保持组织的竞争优势。微观基础理论强调了组织中微观个体对于组织能力形成的重要作用，扩展了从微观层面推进能力形成及演化的相关研究成果。

第三，本研究首次引入最小结构并从质性和量化两个方面进行了验证。最小结构源于爵士即兴，是指表演者在极少的音乐模式和现场规则的约束下表现出创造性和一致性。尽管最小结构在国外的即兴研究中有所提及，但是并未形成较为成熟的研究结论；在国内，最小结构的研究仅限于理论描述。本研究将最小结构作为影响科研人员即兴发挥的情境变量，研究结论挑战了以往西方背景的研究成果，即最小结构并非越高越好，而是应该“适度”，最小结构的调节效应呈现“倒U”形。这意味着中国背景下，过高或者过低的最小结构都不是科研人员所期待的，他们更倾向于在“适度”的边界范围内获得自主性和目标设定权，并就这种“适度”与管理者达成某种默契。该结论丰富了即兴情境的本土化研究。

第四，本研究把即兴看作知识转移的来源之一，打破了知识转移来自于社交网络和人际互动的传统认知。本研究发现，知识转移也可来自科研人员的即兴行为，这是因为知识转移就是个体或群体根据不同的应用场景对知识做出灵活调整并传递给其他成员的过程。同时，本研究还验证了知识转移在科研人员即兴能力与创新绩效间的传递机制，从知识管理视角解构了即兴作用于创新的“黑箱”，以及这种作用机理的变化规律。

1.5　主要研究方法

本研究采用的研究方法包括文献法、问卷调查法、访谈法和实验法。

1.5.1　文献法

对国内外有关即兴能力、知识交互、知识转移、创新（绩效）和最小结构等的研究文献进行整理和综合分析，保证本研究在立意、理论和方法上有一定的前沿性，并在对文献进行深度分析的基础上提出研究假设和概念性研究框架。

1.5.2 问卷调查法

在文献研究的基础上，确定关键研究变量的测量问卷，分两次搜集数据，以降低共同方法偏差。通过统计分析对有关即兴能力、知识交互、知识转移、创新（绩效）和最小结构等变量的构念以及变量间的关系进行检验。主要采用的统计分析方法包括验证性因素分析、层次回归、方差分析、结构方程模型分析等。

1.5.3 访谈法

对科研人员进行一对一线上访谈，深入了解最小结构线性调节不成立的原因，探究中国背景下员工工作目标设定和工作自主性的现状，分析科研人员和管理者对工作环境和最小结构的真实偏好，以期为后文“倒 U”形关系假设的设定和验证提供经验数据的支持。

与管理者和相关领域学者进行深度访谈，确定“是的，并且”即兴能力培训原则的可行性，并就两种即兴能力培训方法——课法和游戏法的实施细节进行讨论，确定这两种方法的具体实施过程，包括时间、地点、对象、持续时长以及实施后的评估方案等，为即兴培训体系的初步构建奠定基础。

1.5.4 实验法

采用操控性的实验设计验证即兴培训的有效性，以及即兴能力提升后对个体创新的影响机制是否依然存在。本研究把被试分为培训组和控制组，实验间隔时间为2周。通过比较培训组和控制组在培训前后即兴能力水平的组内差异和组间差异，验证并比较了两种即兴培训方法的有效性，以及即兴对创新作用机制的路径变化。

1.6 全书结构与研究流程

全书共分为六章：

第1章为绪论，主要介绍研究背景、研究目的和意义、界定基本概念、主要研究内容和创新点、研究方法等，并概括说明了报告的总体结构和研究流程。

第2章为理论基础与文献综述部分，包括即兴理论的研究综述、知识管理理论与知识转移和知识交互的研究回顾、即兴能力与知识转移和知识交互的关系、创新绩效研究以及最小结构的研究回顾。

第3章为微观基础理论视角下科研人员即兴能力的形成研究。按照假设模型构建、数据收集和检验、得出普遍结论的量化研究范式，本章自变量为个体经验和个体搜集外部知识，因变量为即兴能力，调节变量为最小结构。由于部分假设未得到验证，我们增加了小样本质化研究，并修正了先前的假设，然后再次进行了数据分析和检验，并得出最终结论。

第4章为科研人员即兴能力对创新绩效的作用机制研究。按照量化研究范式，本章自变量为即兴能力，中介变量为知识转移，因变量为创新绩效，调节变量为最小结构。由于调节变量的假设依然未得到验证，我们沿用了第3章的质性研究结论，修正了相关假设，然后再次进行数据分析，最终得出结论。

第5章为即兴能力开发与个体创新能力提升研究。本章研究的主要目的在于验证即兴能力的习得性特征，并继续验证即兴能力开发后，对创新的作用机制是否发生变化。采用实验法，分为前测（即兴培训前）和后测（即兴培训后）两部分，分别比较培训组和控制组在培训前后即兴能力的变化，并探究培训组在即兴能力开发后，对其创新能力提升的作用机制有无变化。

第6章为研究结论与管理启示。主要内容包括：一是研究结论，对上述研究中所得出的结论做出归纳；二是理论价值，对于本研究所做出的理论贡献进行总结；三是管理启示，基于上述研究结论，为组织和管理者提供了促进研发人员即兴能力发挥，进而提升企业创新绩效的建议；四是研究不足与展望，包括本研究的局限与后续的研究建议。

研究流程见图1.1。

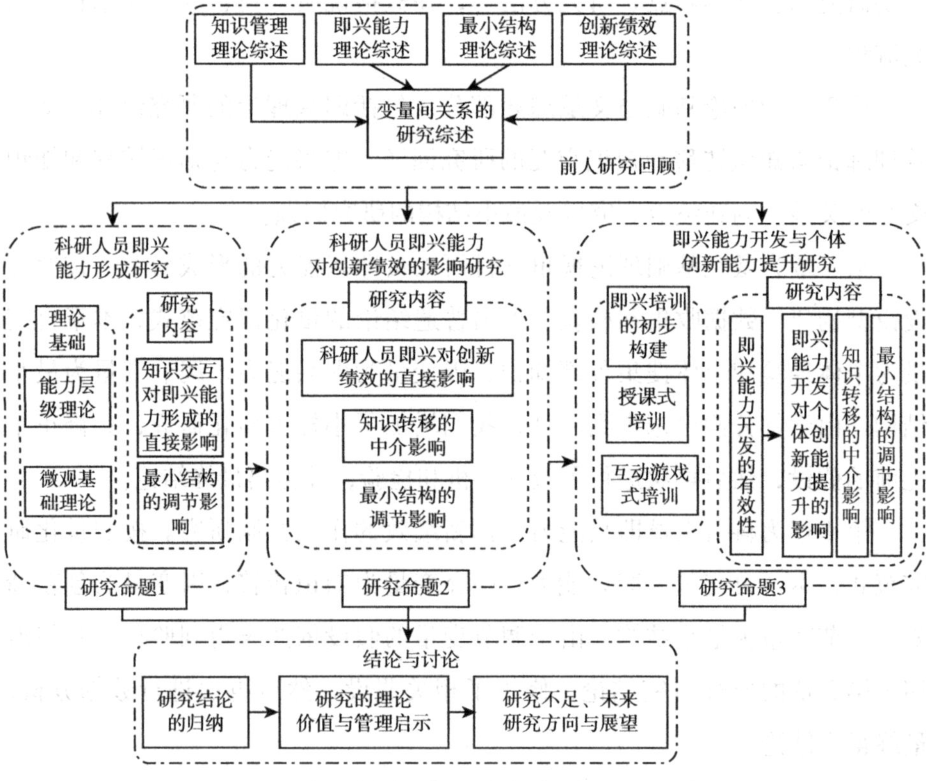

图1.1 本书的研究流程

第2章

理论基础与文献综述

2.1 即兴理论

2.1.1 即兴的起源与发展

“即兴”一词最初来源于爵士乐和戏剧表演（Hatch，1997；Weick，1998a；Barrett，1998）。爵士乐的即兴演奏具有瞬间创作、瞬间消失的特点。每个爵士演奏的乐手都随着环境、心情和个性的不同，在和声与节奏框架中即兴发挥。此外，爵士即兴也与演奏者的高超技巧和乐队成员之间的默契合作密不可分（Spolin，1963；Weick，1998b）。最早的有组织的戏剧即兴源自于公元前580年古希腊诗人Susalyon创建的即兴喜剧。表演者没有剧本，只是使用预先设定好的角色演出一个高度概括的剧情线，演员们临场发挥并自行设置场景细节。德国的即兴戏剧来自19世纪90年代的卡巴莱歌舞，尽管即兴表演不是卡巴莱的主要形式，但这种好客殷勤的表演方式还是影响了现代戏剧即兴。指南针剧团是现代戏剧即兴的标志，它由戏剧治疗大师Spolin创建，她的初衷是把剧场游戏用于心理治疗，帮助那些社会地位低下的年轻人开发社交技能并提升自尊。后来，她在剧场内建立了即兴培训中心，专门用来帮助演员提高表演能力（何辉、肖慧芹，2017）。

与戏剧即兴相比，爵士即兴需要更加专业的音乐知识，如和弦、旋律、音调、节奏等；而戏剧表演中的即兴要素几乎与组织日常工作中的即兴要素完全相同。尽管有既定的场景模式，但是演员没有剧本现场发挥，大量的表演都是原创的、即兴而成的。从更广泛的意义上看，戏剧即兴源自于人类早期的行为惯例，是文字出现之前的一种表现仪式，不是通过死记硬背学会的。这就意味着在戏剧即兴中使用的语言和非语言要素等都可以作为表演经验进行迁移和转化。因此，任何人都有能力体验并从戏剧即兴中学习。

1993 年 Weick 首次将即兴运用于组织管理领域，用来说明计划和执行同时发生或创造和执行在时间上的聚合。当时的即兴研究是以音乐背景的爵士即兴作为一种隐喻，来分析组织内的即兴现象。Organization Science 第 9 卷（1998）第 5 期就以“爵士即兴与组织”为专题，探讨了如何基于爵士乐队即兴演出的隐喻来构建组织即兴的管理理论。后来的研究则更加关注组织领域中即兴的具体事例，利用扎根理论或各种实证研究方法来描述即兴的特性，并对其进行了正式的操作化界定，并进一步探索了即兴与创新创业、即兴与计划、即兴与组织发展的关系，以及即兴对组织绩效、新产品开发等的影响（Crossan et al.，2005）。

2.1.2 即兴的界定

对于即兴的界定，目前学者们大致从个人、团队和组织三个层面进行界定。在个人层面上，即兴被定义为个体处理事先未预见到的事情的行为能力，这种行为往往发生在不确定的工作环境中（Weick，1998a）。Keeney 等（1990）等指出，即兴意味着个体无法预见的、未经计划的、不能利用过去控制现在及将来的行为。Weick（1998a）最早描述了爵士乐手的即兴演奏过程，并在此基础上归纳出组织中的个人即兴是如何打破秩序和控制的约束而自由发挥的。由于即兴行为一般会脱离先前计划的控制，因此也被看成对传统计划方式的背离（Barret，1998）。李燕萍等（2010）认为，即兴是员工个体在产生想法后随即动用可支配的物质、知识、情感和社会资源等，将想法付诸行动，边想边干或边干边想的过程。阮国祥（2015）认为，即兴就是在动态环境下，依靠员工自发性和创造性，利用现有可用资源去响应和解决许多意想不到的问题的行为方式。

在团队层面，学者们的研究也比较丰富。Moorman 和 Miner（1998b）提出团队即兴包括团队认知即兴和团队行为即兴，前者是对新知识和资源要素重新组合利用的认知反应能力，后者是对计划采取行动的反应能力。Cunha 和 Kamoche（2002）认为，团队在事前没有规划的情况下，遇上未曾预料到的问题和需要快速反应与行动的情况时，团队即兴就会被马上激发。Vera 和 Crossan（2005）认为，即兴是指用具有自发性与创造性的新方法去寻求解决客观问题。这里的创造性是指即兴的过程，但其未必能产生创新性的结果。纪晓丽和蔡耀龙（2013）认为，团队即兴是团队在一定时间和风险压力下管理突发事件时，自发地、创造性地实现目标的能力。

近年来对组织即兴的研究日渐丰富（Vera & Crossan，2005；Moorman & Miner，1998b）。Crossan 等（1997）将组织即兴定义为直觉引导的一种组织自发行为。即兴的无计划性，也意味着即兴行为是对组织惯例或既有知识经验的偏离。Barrett（1998）认为，组织即兴是当组织面对各种未知情况且不知如何展开行动时，产生的自发性探索和试验。Cunha（1999）等认为，组织即兴可以被定义为一个组织或其成员利用现有的物料、认知、情感和社会资源的行为或行动。该定义不仅强调了组织即兴的时间性，而且指出组织即兴的发生需要具备潜在的资源基础。黎赔肆和焦豪（2014）和王军等（2016）认为，组织即兴是组织在面临非预期的外部环境条件下，协同相关主体从可用而非最优的资源中寻找解决威胁或把握机会的能力。李拓晨等（2018）认为，组织即兴是在计划与执行的时间维度高度重合的情况下，企业为应对外部环境的不确定性和突变性，即时采取的协同相关主体、整合现有资源、突破原有规则以有效解决意外发生的技术和管理问题的行为能力。Cunha 等（2019）认为，较高的即兴能力赋予企业快速解决问题的能力，并能提升团队或组织的敏捷性，提高组织效率。单标安等（2021）认为，即兴能力能够极大地激发组织的创造性，促进组织在动荡的外部环境下重新配置企业内部资源，并诱发企业通过持续试错来积累和更新知识。

对于个体即兴、团队即兴和组织即兴，学者们普遍认为团队即兴建立在个人即兴基础上，且团队即兴大于个人即兴之和，因为个人即兴的总和创造了一种团队即兴的系统；同理，组织即兴往往被看成是大规模的团队即兴（Moorman & Miner，1998a；Cunha et al.，1999）。

2.1.3 即兴研究的热点主题

2.1.3.1 即兴与创新

由于创新在很大程度上是不可预知的，需要灵活性、机会主义和适应性，这与即兴的创造性特征非常相似（Baker & Nelson，2005）。因此，即兴与创新的研究从始至终都是学者们关注的焦点。关于即兴与创新的关系，主要包含三类观点：一是证实即兴对创新的积极作用，比如 Magni 等（2009）认为，即兴能够帮助组织响应激烈的环境变化，进而提升绩效水平。尤其是在动态环境中，对已有惯例的过度依赖可能会限制组织对新的认知途径的探索，从而降低面对环境变化做出快速反应的能力。即兴的临机应变和灵活的特征能够提升企业对市场中不同需求变化的响应速度，使企业捕捉和利用更多的创新机会。适度的即兴还有助于企业适应新环境，降低创新风险，提升创新绩效（Hmieleskik & Baronra，2008）。Samra 等（2008）指出，即兴可能会加速新产品的开发周期及市场价值的实现。新产品上市速度越快，竞争优势就越强，而技术的不断迭代会缩短新产品的上市速度。Akgün 和 Lynn（2002）也通过实证研究验证了即兴可以缩短新产品的上市时间并提高创新绩效。他们还研究了即兴和学习间的相互作用，以及经验在获得隐性知识中所扮演的角色。在产品研发过程中，即兴还能够帮助企业及时应对突发问题，同时产生新颖的解决方案，提高企业反应能力和创新能力（曲小瑜，2021）。此外，组织即兴可以实现从一般认知到卓越认知的状态跃迁，这对组织创新有显著的积极影响（陶然等，2009）。

二是认为即兴也可能导致混乱。学者们认为情绪管理是即兴创作的一个重要元素，大量即兴会使组织成员承受较大压力，增加他们的焦虑感与心理倦怠。如果这种焦虑得不到解决，它可能会对即兴创作的意愿和有效性构成威胁，从而导致创新失败和管理混乱（Hatch，1997；Cunha et al.，1999）。从组织角度看，如果将即兴作为应对突发事件的常规手段，可能引发组织对即兴的重度依赖，反而会导致管理的恶化，不利于组织创新。

三是认为即兴对创新的影响并不确定，要受到组织资源和环境变量的调节。如Moorman和Miner（1998b）认为，组织即兴与新产品开发的关系是模糊的，受到组织记忆、信息沟通等变量的正向调节。当组织成员只是简单复制过去的惯例来处理新问题和新情境时，组织记忆会阻碍即兴的发生。只有当组织真正进行即兴创作时，记忆才是一种有用的资源，因为即兴往往是对以往成功的知识经验和行动惯例进行创造性重组的结果。与有限的制度化知识或惯例相比较，获取多样化的组织记忆资源有利于产生更多更有效的即兴解决方案（Moorman & Miner，1998a）。团队层面的研究也很丰富。Crossan和Vera（2005）也发现，团队即兴对团队绩效的影响并不清晰，但在团队专业知识、实时信息沟通等调节变量的作用下，二者之间呈现显著正相关。在组织中更全面、更多样化的知识技能组合，成员间更良好的信息沟通，会引发更多的即兴和创新可能。徐二明等（2018）也认为，在组织即兴行动中必须关注成员之间的沟通。此外，团队成员间的信任关系和行为整合也起到调节作用。如Bastien和Hostager（1988）发现，随着乐团成立时间的增长，乐手们逐渐能够演奏一些较为复杂的曲目，即兴发生的概率相比乐团组建之初大大提高。这是因为乐手们经过长时间的合作，已经建立起相互信任的关系，拥有即兴所需的经验和知识，一旦环境许可，他们就可能即兴表演。Magni 等（2009）研究指出，团队行为整合能力越强，团队成员的即兴发挥也越多，并且团队规模还可以通过团队内部信息沟通影响即兴结果。熊立等（2019）和买忆媛等（2015）认为，行为整合度高的团队往往能带来更多的即兴和创新行为，在面对较大的时间压力时尤为明显。

很多学者证实了环境动态性对即兴和创新、即兴与新产品开发的影响。Weick（1993）指出，环境的动荡变化往往使组织事前精心准备的计划无法使用，这时即兴的应变决策就成为管理者解决问题的主要方式。Moorman 和 Miner（1998a）证实，在环境动荡性较高的情况下，组织即兴对新产品开发有更积极的推动作用。叶竹馨等（2018）认为，企业所处的环境总是动荡的，即兴作为一个重复的过程，能够帮助企业快速有效地响应那些研发过程中难以预测的变化，进而提高创新成功的可能性，激发创业企业持续性创新的动力。

2.1.3.2 即兴与创业

在解释即兴与创业的关系时，学者们主要从两个角度研究即兴如何促进创业：一是即兴为创业者快速行动和创业企业的持续成长提供丰富的资源和决策依据，避免因资源约束导致创业机会的丧失或失败。创业者成功应对并利用了机会，在此过程中展示了他们的即兴能力（Leybourne & Kennedy，2015；Baker et al.，2003）。二是创业导向会触发企业即兴行为的产生，促使创业主体在面对瞬息万变的环境时能够做出更快速及时的响应（Weick，1993）。创业者面对资源匮乏的困境，通过质疑、颠覆与解构，从无到有地创造出独特的产品和服务，赢得广泛的市场，可在追求生存的过程中同时实现新企业的持续成长（Baker & Nelson，2005）。

即兴受到创业领域学者们的广泛关注，源于其为创业企业克服资源缺陷以有效应对多变环境提供了可能。资源是新创企业生存与成长的关键，但由于新创企业的“新生弱性”与“小而弱性”，导致资源约束无处不在，因而必须对已有的有限资源进行创造性整合和利用，即实施资源拼凑。事实上，即兴行为本身就包含资源拼凑的含义。如 Weick 在 1993 年曾以 16 个消防员对曼恩峡谷火灾的扑救事件为切入点，分析了组织即兴和资源拼凑在角色结构形成及组织规范互动过程中的积极作用，从而将拼凑理论引入即兴研究领域。火灾中幸存的消防员能够凭借以往经验成功逃生，就是因为在面对扑面而来的大火时他能够即兴拼凑出拯救个人生命的关键行为，即果断丢弃沉重的消防装备并在一处空地上卧倒。很多学者在研究创业与即兴时，都提到了资源短缺与资源拼凑对创业企业资源整合的影响。如 Baker 和 Aldrich（2000）描述了创业者克服资源短缺所采取的两种即兴解决方案：一是利用手边可用的资源即资源拼凑；二是搜寻新的资源。那些通过寻找新资源来克服资源短缺的创业者，不得不为此支付较高的价格，或者让渡部分创业权益。相比之下，如果创业者能够充分利用手边的资源，他们的竞争力和创业成功率将会大大提升。该观点得到了后续研究者的不断证实，如 Førde（2013）提出，对已有资源进行全新整合可以帮助女性创业者发现新的商业机会，极大地激发她们的创造力从而增强其竞争能力。与男性相比，女性创业者往往更缺乏进入市场、获得资金和实施管理的机会，这使得她们无法参与创业研究。大量的女性创业者都是“隐形创业者”，她们同样具有强烈的创业精神和丰富的创业实践。她们不断地以即兴整合资源的方式产生新的经济活动，尽管这些经济活动大多不太正式且体量小。Di Domenico 等（2010）通过对英国 8 名社会创业人员的访谈和观察，发现即兴是社会创业者在资源匮乏环境下获取新资源的关键途径。例如，他们可以从无到有地创造一些东西，或者将废弃的资源用于新用途；还可以使用其他组织未能充分重视或使用的隐藏的或未开发的资源。创业者利用手边资源的能力，表明了他们对环境变化的适应能力。Baker 和 Nelson（2005）认为，通过对现有资源的“将就”与重构，新创企业能够突破资源约束，以应对新的创业机会或挑战，获得竞争优势。“将就”意味着不仅仅利用手边资源创造结果，还要积极参与问题解决并努力创造机遇。因此“将就”并不等于只能产生平凡且不完美的解决方案，有时也可以达到意想不到的辉煌后果。

初创企业本身具有创新性、冒险性和主动性的特点，企业的创业导向越强，计划的制定与执行之间的时间间隔越短（Barfinger & Bluedom，1999）。而组织即兴正好反映出计划的制定与执行在时间上的集中或重合程度，二者的重合程度越高，即兴程度就越高（Moorman & Miner，1998a）。对于创业企业来说，采用相对较长的计划周期是站不住脚的。因为较长的计划周期会导致企业在决策时对是否偏离计划犹豫不决，并且担心这些偏离会被解释为初始计划的缺陷，从而可能错过最佳决策时机（Barfinger & Bluedom，1999）。对长期计划的依赖可能会导致人们在面对短期环境变化时缺乏实时灵活的应对能力，这与创业过程的主动性背道而驰。创业导向能显著预测组织即兴，触发组织即兴行为的大量产生（罗振洲、朱红，2020）。Best 和 Gooderham（2015）发现，当不可预期的事件发生时，创业主体必须要在无计划无准备的条件下及时对该事件做出回应，这将会促进创业即兴的产生。

2.1.3.3 即兴与教育培训

在以信息的即时获取为特征的知识社会中，教与学的范式发生了变化。学生脱离了传统被动接受知识的角色，成为教育的创造者，即兴教育适用于所有层级的学生（Wright & Kanellopoulos，2010；Burnard，2012）。21 世纪的学习必须超越记忆和“应试教学”，因为各个领域的知识迭代速度加快，知识的跨界应用也越来越普遍。传统的记忆法和“应试教学”无法满足上述变化。换句话说，就是要培养学生自由发挥和即兴创作的能力。当学生掌握一个知识点时，不能像从前那样以简单记忆的方式留在他们的大脑中，而是要创造出一个新的神经通路，以便将来用于各种领域的问题解决。随着大脑学习新的材料，习惯新的学习方式，那些现在看似难以解决的问题也会变得越来越简单。Luquet（2015）认为，21世纪的学生，就像20世纪的爵士乐音乐家一样，需要多种技能来发展自己的“事业”，否则就有可能被淘汰。

由于创业本身是具有较大风险变动的不确定事件，将即兴纳入创业教育也逐渐受到学者关注，即兴理论也开始作为创业课程体系的重要补充内容。对于创业者来说，学习如何应对意外事件是首要选择，这些意外可能导致创业成功或失败。Balachara（2018）探索了创业教育中的即兴能力培训原则和框架。他发现即兴表演为创业教育者提供了一个强大的工具，能够使学生学会如何“在瞬间”接收、反应和应对意外情况。在企业培训领域，即兴培训可以激发企业家的创业思维，并培养他们把障碍转变为机会的实践技能。

作为一种教学工具，即兴的目标在于开发某种特定的技能和知识（Whitcomb，2010；Coulson & Burke，2013）。很多学者都把即兴看作一种创新性的教学手段，认为它既能激发创造性、沟通能力和学习能力等，又有助于上述能力的应用。如Beaty（2015）通过对功能性磁共振成像（fMRI）技术的研究，发现音乐创作能够自动促进大脑的思维网络，从而证实了音乐即兴教学对创造力开发的作用。也有研究显示，音乐课堂上的即兴活动可以为幼儿提供探索、发现和创造自己音乐想法的机会。孩子们一边玩耍一边听音乐，他们能够根据自身不断增长的音乐水平做出选择，选择他们感兴趣的音乐。Jordanous和Keller（2012）利用计算语言学技术发现创造性行为产生的关键是沟通能力和学习能力，这意味着可以通过增加演奏者与社会的互动和沟通，进而提升他们的音乐即兴创作能力。另外，即兴教学能够将正式学习和非正式学习结合起来（Biasutti，2017），这无疑增加了学习迁移的可能性（Berkowitz，2010），并有助于培养合作意识，开发应变能力（Sawyer，2011）。学习迁移是解决问题和发明创造的核心要素，是完整的学习过程中的重要组成部分。新近的研究表明，迁移更多地由学生当前所处的情境引起，而不是学生自发完成的过程。由此可见，创造一个即兴教学的环境是十分重要的（王文静，2004）。Balachara（2018）提出即兴教学也可用于创业教育。他认为学习即兴表演理论有利于培养准创业者的敏捷思维和适应能力，并通过开发创业者的自我效能促进其创业意愿。

除了作为一种教学手段，即兴在教育培训领域中的应用还包括受训者即兴能力的培养，研究涉及两个方面：一是证实培训能够提升即兴能力；二是探讨如何进行即兴能力开发。Crossan 和 Vera（2005）在验证团队即兴与团队创新绩效之间的关系时，首次验证了培训能够增加即兴行为的发生频率。他们所提到的即兴培训侧重创造性、自发性、专业知识以及团队合作的质量，由此为组织成员通过培训获得和提升即兴能力提供了初步证据。在组织环境中，即兴培训需要从培养意识开始，真正理解即兴发挥的必要性。此外，即兴培训还包括倾听和沟通技能训练和特定的环境知识训练，使成员能够走出舒适区，产生更多自发和创造性的行动。Daly 等（2009）以欧洲三家航空公司新雇用的客舱服务人员为对象研究即兴能力培训及其影响。他们将培训分为即兴意识学习和剧场游戏两个阶段，后者包含倾听和团队建设等热身练习，还包括与未来职业生涯相关的常规或非常规情境训练。结果表明即兴培训能够提高受训者在处理特殊情况时的信心、有效性和应变能力；且即兴培训应与新员工入职培训相结合。Ratten 和 Hoge（2016）总结了即兴培训的三个领域即任务技能、人际技能和自我技能，但这三个领域存在很大交叉。任务技能是指在特定工作任务中使用的知识技能和能力，不涉及与他人的互动或自我管理。人际技能是指那些能够与他人良好相处的能力和性格。自我技能是指管理和控制情绪的能力。尽管自我技能是一种个人技能，但应用到工作场所也可能会带来更好的人际互动。Christopoulos 等（2016）以巴西政府部门人员为访谈对象设计了即兴学习的过程模型，该模型从培训环境条件、培训转化动力以及受训者对即兴情境下意义建构的反应三个方面帮助员工获取即兴能力。受训员工高度肯定了培训课程对解决紧急和意外情况的贡献，认为课程中提供的结构和理论使他们能够更好地识别问题、提出解决方案，并获得处理意外事件的能力。

李燕萍等（2010）认为，组织学习可以通过组织记忆间接影响即兴行为。比如，戴尔公司就提倡员工随时随地学习，企业在发现员工需要后，会自动适时地提供准确的知识，为外派人员提供学习培训所需的资源。拥有丰富记忆和经验的组织在面临突发事件时，反应会更快捷，行动更迅速；同时，丰富的记忆和经验能够为组织应对突发情况而进行的新尝试提供重要素材（王军等，2016）。

2.1.3.4　即兴与认知障碍治疗

与其他类型的复杂认知过程一样，即兴涉及整个大脑皮层不同区域之间的动态交流，是刺激大脑不同区域的创造性活动（Limb & Braun，2008）。包含即兴的认知活动能够改善个体情绪，帮助他们获得幸福感（Suzuki et al.，2010；Romero - Naranjo & Javier，2014）。实际上，即兴教育与培训也是一种认知活动。

即兴治疗认知障碍主要体现在音乐即兴方面。研究表明音乐即兴可能会挖掘出个体在一般创造性认知领域的差异，帮助他们提高认知和心理能力，如注意力、记忆、沟通、感觉 - 运动协调和辨别能力，进而影响个体行为（Biasutti，2013；王军等，2016）。音乐被证明可以改善严重认知衰退者的一般认知功能和神经精神症状，因此音乐即兴常用于认知障碍的治疗（Melissa & Patricia，2003；Hsu et al.，2015）。例如 Suzuki 发现在接受 16 次音乐治疗后，老年痴呆症患者的烦躁情绪有所下降。Romero 在利用 BAPNE 方法[①]进行了 200 多项活动后，患者的社交活动明显增加，不良情

① BAPNE 方法是一种基于神经动机的认知刺激、社会情感、精神运动和神经康复的方法。它使用身体打击乐作为教学资源，专注于认知功能和执行功能的刺激。BAPNE 是一个首字母缩略词，每个字母都表示一个特定的主题，有助于建立和编码方法。B 代表生物力学，A 代表解剖学，P 代表心理学，N 代表神经科学，E 代表民族音乐学。通过这 5 个支柱，Javier Romero 以神经病学为重点，证明了身体在认知刺激中的作用。

绪和注意力水平得到改善，并表达出参与此类活动的强烈意愿。一些研究指出音乐即兴疗法与药物治疗相结合的方式，对个体精神病、抑郁症等症状的改善以及其幸福感提升有着显著影响（Gold et al.，2009；Catherine et al.，2013）。Jung 和 Newton（2009）利用 Cochrane 数据库进行了元分析，探索了 28 种精神分裂症、精神病和双向情感障碍的替代疗法的效果，发现音乐疗法是精神病学中最有效的干预措施之一。Biasutti 和 Mangiacotti（2017）证实了无论老年人的认知储备程度如何，音乐即兴疗法都可以改善具有轻度和中度认知障碍的老年人的认知能力，未来还可用于失语症患者的康复等。Degli Stefani 和 Biasutti（2016）通过对 27 位成人精神科门诊病人的实验研究发现，接受团体音乐治疗的病人要比那些未接受音乐治疗的病人在用药剂量方面表现出更大的改善，重度抑郁症患者的精神病症状，如幻听、谵妄和分裂性情感障碍等也有很大程度的缓解。也有学者发现即兴钢琴演奏能够在治疗儿童自闭症的过程中发挥重大作用。通过快速分析患者的音乐情绪特征，钢琴师为其构架出合适的和声、旋律、力度等音乐元素（杨淋芳，2020）。结果表明，即兴演奏能有效提升自闭症儿童的情感表达能力、社会交往能力和其他行为能力（尤霄，2016）。

2.1.4 即兴的情境研究

即兴的情境研究多见于即兴对创新或新产品开发的影响。正如 Crossan 和 Vera（2004）所说，如果把即兴看成解决所有问题的方案，管理者可能低估了创造一个支持即兴的情境的必要性。如前文所述，即兴既可能带来创新，也可能导致混乱，二者的关系可能受到专业知识、组织记忆、信息沟通、成员信任等组织内部资源的影响，还可能受到环境动态性等外部因素的影响。

本章重点研究实验文化和最小结构，二者均来自即兴，前者源于戏剧即兴，后者源于爵士即兴。因此，他们对即兴和创新的影响是天然存在的，国内外学者后来把他们引入组织管理领域，并分别进行了验证。

2.1.4.1 实验文化

实验文化源于戏剧即兴表演的“是的，并且（yes，and）”原则，它要求即兴演员在舞台上接受、支持而不是否定搭档的想法。Johnstone（1979）认为，“好的即兴演员之间看起来像有心灵感应一样，好像每件事情都是事先安排好的。这是因为他们接受了对方提出的所有东西。相反，阻碍对方观点的行为被看作一种攻击”。另外，那些被认为是错误的古怪想法也应该被验证并融入场景中去；否则，即兴行为就会被打断，表演就会失去其内在一致性。好的演员即使面对意外也会做出建设性的反应，他们对发生在他们眼前的事情掌握主动权，并能提前进行部署。“是的，并且”原则使得演员在即兴发挥时有安全感，因为他们知道即使冒险也能得到对方的支持。例如，演员可能以下列台词开始一段场景：

“我多希望我带了雨伞，看情形雨还不会停”，即兴表演者如果不遵循“是的，并且”这一原则可能就会回应以“没有下雨，这是沙漠，傻瓜”，这种回答会使演出中断。牢记“是的，并且”原则的即兴表演者会说“我们都淋湿了，但是我会让你温暖”，这种回答既接受了下雨的事实（是的），又为场景增添了有关两人关系的新的信息（并且）。

在组织应用中，Koppett（2002）曾分享了一个实践中的“是的，并且”案例，该案例描述了跳跳糖的发明过程，这是“是的，并且”原则促进研发人员即兴，进而带来卓越的产品创新的典型事例。

联合食品公司正在为新糖果的生产集思广益。在一个头脑风暴会议上，有人提出了一个匪夷所思的观点“糖果应该会说话”，该观点虽被记录下来，但大多数人都认为荒谬从而没有理会。然而 CEO 却接受了这个观点。他与研发人员进一步探讨发现，如果把糖果外壳用二氧化碳包住，当放入水中时，一颗颗糖果就会爆炸，发出噼里啪啦的声音，糖果真的会“说话”了。由此，历史上最成功的新糖果之一——跳跳糖问世了。

Daly 等（2009）以欧洲三家航空公司新雇佣的客舱服务人员为对象，研究了“是的，并且”原则在其入职培训中的应用及其影响。该培训分为两个阶段：第一阶段让受训者意识到即兴能力的重要性并自愿参与培训；第二阶段让受训者在专业表演教师的指导下按照“是的，并且”原则做剧场游戏，但之前必须经过观察、倾听和团队建设等热身练习，最后受训者要接受未来职业生涯中可能遭遇的常规或非常规事件的情境训练。结果表明，“是的，并且”原则能够提高受训者在面对意外状况时的自信心和舒适感，提升处理突发事件的有效性和应变能力。

Cunha 等（1999）认为，鼓励行动、反对深思熟虑的实验文化应该作为理解和应对现实中不确定性的方法。当组织成员感知到的环境是无威胁的和宽容的，他们才愿意采取冒险行为并尝试新方案，即兴行为就会自然产生（Caldwell et al.，2003）。Vera 和 Crossan（2004）认为组织应把“是的，并且”原则纳入组织文化，以开发员工即兴行为，因为成功的即兴需要实验式容错文化。需要注意的是，这种错误是“有能力的”错误，即源自新想法而非简单执行产生的错误（Cunha & Kamoche，2002）。他们还建议那些对创新感兴趣的组织把这一原则作为组织文化的一种规范。这意味着组织文化应该鼓励创新、容忍错误，即建立一种实验文化氛围，以便开发即兴能力。需要注意的是，这种错误是“有能力的”错误——即那些来自新想法而不是简单执行的错误。Vera 和 Crossan（2004）认为，在这种文化氛围下，组织成员在面对新事物时，他们知晓他们能够承担风险，因为他们的即兴努力会获得其他人的支持。Yorton 和 Leonard（2015）认为，应该鼓励员工放弃那种只做正确事情的想法，因为这会导致他们循规蹈矩不敢越雷池一步，最终会损害组织创新和创造性。实验文化形成的宽松氛围和规则，使员工在面对任务时有充分的试错和探索空间，可以实施创造性的实验和创新的想法（Hamel & Breen，2007）。

实验文化不仅促进员工即兴能力的运用，也为即兴的成功运用提供了时间、人力和金钱等方面的资源支持。如果从中长期来看的话，即兴的多重迭代可能导致积极后果。例如，寻求创新的企业能够接受90%的失败率，只为10%的成功可能买单，但他们愿意从失败中学习。当即兴发生时，实验文化会促进并支持各种错误，因为错误往往来自新观点的产生而非执行。相反，如果即兴发生在非实验性的文化中，它有可能被抑制或终止，即兴带来的错误会被惩罚而不是被接纳（Vera & Crossan，2004）。

值得注意的是，国内学者对实验文化的研究结果令人深思。何辉和闫柳媚（2019）发现，实验文化消极影响研发人员即兴和知识转移的关系。这是因为科研人员普遍对鼓励试错的实验文化持怀疑态度，并认为大多数组织对于员工犯错的容忍程度并不高，即便是那些可能与创新行为相关的错误。在中国情境下，组织普遍采用各种惩罚、防范机制减少和消灭差错，因此逐渐形成了浓厚的差错反感文化。组织成员害怕、担忧差错的出现，一旦出现差错就会本能地进行掩盖和修饰。即便组织宣称构建鼓励犯错的实验文化，员工也不以为然，因为个体对差错反感文化的认知早已形成刻板印象。管理者也不鼓励员工在没有证据支撑的情况下尝试新东西，并拒绝承担风险。因此，如何在组织内部构建有利于即兴和创新的实验文化氛围，值得国内研究人员和管理者进一步思考。

2.1.4.2 最小结构

最小结构来源于爵士即兴。与其他音乐形式不同，爵士演奏没有曲目和指挥，表演者在极少的音乐模式和现场规则的约束下随心所欲，因此爵士乐表现为复杂的节奏和多变的和弦。

Hatch认为，爵士演奏就是即兴发挥，表演者既不受曲目限制，又要遵循一套固有的规则，他将其称为“最小结构”（Hatch，1998）。Pasmore（1998）认为，“爵士乐具备一种使用最少束缚带来最大灵活性的特性”。Eisenhardt和Graebner（2007）把这种最少束缚称为“半结构”。无论是“最小结构”还是“半结构”，维克认为其最大的价值在于它能“抑制混乱，带来有效的行为后果”。正如Eisenberg所说，“爵士演奏只有在无规则和规定角色的条件下才可能实现，是一种以复杂方式进行的最少的组织活动和意图创作活动”。另外，研究者也认为爵士演奏的无规则意味着一个混乱的任务环境，这种混乱来自于音乐创作的动态过程（何辉、肖慧芹，2017）。因此，只有最小结构才能既做到释放表演者的创造力，同时说明创作和协作的特定方式，爵士演奏的混乱才得以抑制（何辉、肖慧芹，2017）。这一看似矛盾的结论可以用 Meyer 和 Rowan（1977）的制度理论来解释，医院和学校都有非常清晰严格的管理规则，然而那里的专业人员却拥有如何完成任务的高度自由，这是因为专业人员获得了信任，他们能在被信任的环境下实验和创新。

一些学者认为最小结构是指为实现即兴创作的有效性而采用的一系列控制措施（Brown & Eisenhardt，1997；Weick，1998a）。Weick（1989）认为，最小结构的最大价值在于它能“抑制混乱，带来有效的行为后果”。与实验文化一样，最小结构也逐渐被学者们应用到组织管理领域。如 Brown 和 Eisehardt（1997）认为，如果组织结构建立在最小结构的基础上，可以增强组织即兴的过程和结果。Kamoche 和 Cunha（2001）认为，即兴中的最小结构包括社会结构和技术结构两部分。社会结构是指伙伴关系，技术结构指的是个人能力。他们把最小结构用于新产品开发，发现只有最小结构才能兼顾规则和灵活性，为创新提供支持性的组织环境。Cunha（2002）将最小结构看作是一种协调机制，在这种机制下实现了结构和自由的微妙平衡，既能够使人们围绕共同的既定目标去行动，又没有限制实现目标的具体行动。Crossan 等（2005）认为，最小结构为管理者和员工提供了一种刚性和自由的矛盾组合，这种组合为创造性方法的出现提供了空间，同时保证了专注力并能同时对抗偏移。Eisenhardt 和 Graebner（2007）认为，最小结构即指自由与控制的结合，其在宏观上具有标准化和惯例特征（控制），在微观上具有操作性特征（自由），他们认为后者可以理解为创新的自主性及团队的自治性。高鹏斌（2013）认为，最小结构既促进集聚又促进发散，既关注中心而又开放周边。这是因为最小结构使团队有清晰方向的同时也会给团队成员充分的自由去探索和创新。Vera 等（2016）认为，最小结构为组织中的即兴和创新创造了前提条件。张勉（2017）认为，最小结构就是组织即兴的合弄制，它实现了有边界的自由，在保持即兴与创新所需的灵活性的同时，也使企业具有稳定性和可控性。

2.1.5 即兴的测量

即兴的测量学术界至今并未达成一致。总结现有文献，即兴的维度划分主要集中在 2 ~4 个维度。国外学者 Moorman 和 Miner（1998a）首次通过实证研究认为即兴能力可以通过行动的计划与执行之间的时间间隔长短来测量，包括“不执行计划”“对计划做出调整”和“计划执行时临时变动”3 个题项。Vera 等（2005）在 Moorman 量表的基础上，开发出测量团队即兴能力的新量表，包括自主性和创造性两个维度，借以替代其他文献中常见的即兴行为特征如直觉性、灵活性、手边可用资源等。该量表包括 7 个题项，其中自发性 3 个题项，创造性 4 个题项。Hmieleski 和 Corbett（2006）从创业领域开发的个体即兴的量表，由 3 个维度共 27 个题项构成。3 个维度分别是：创造力和资源拼凑；在高压环境下依然胜任和正常工作的能力；自主性和持续性。后来他又基于 2006 年的创业者调查对上述测量做了调整，减少为创造性和利用现有资源、压力环境下的执行能力以及自发性和坚持等 12 个问项。Magni 等（2009）将即兴分为自发性和创造性 2 个维度，目的在于研究团队进程如何影响个人即兴能力。国内学者如纪晓和蔡耀龙（2013）从团队反应能力、利用现有资源的能力、压力承受能力和创造性四个角度测量团队即兴。何存玉和李玉琼（2015）对即兴能力的测量分为立即反应和意图创造两个维度共 10 个题项。马鸿佳等（2015）和卢从超（2016）在借鉴 Cunha（1999）、Vera（2005）等的基础上，将即兴划分为立即反应、意图创造、利用现有资源三个维度。周健明等（2019）将即兴分为认知即兴和行为即兴，前者是指在对新知识和资源要素重新组合利用的认知反应能力，后者是指对计划采取行动的反应能力。单标安等（2021）借鉴 Moorman 的经典量表，从计划方式、反应能力、执行能力三个方向反映组织的即兴能力。吕潮林等（2021）以 Vera（2015）的量表为基础，从搜寻新知识、面对突发情况的反应、面对创新的适应能力三个方面来测量即兴能力。

2.2 知识管理

2.2.1 知识管理的起源与发展

1965 年美国管理学大师 Drucker 首次提出“知识社会”，并预言知识这一新生要素将成为最重要的生产要素。瑞典 Sveiby 博士于 1986 年首次使用了“知识管理”这一名词，并定义了知识型组织和以知识为核心的企业发展战略框架。日本的 Nonaka 博士在 1991 年通过深入研究日本企业的知识创新经验，提出了著名的知识管理经典理论——SECI 知识创造转换模式，强调“隐性知识的共享和知识环境的优劣对企业知识创造的重要性”。

自知识管理理论诞生以来，众多机构和学者对于知识管理的发展阶段有着不同的见解和划分。第一种是两阶段划分法，由 IBM 知识管理咨询公司负责人 McElroy 提出，他认为知识管理应当分为以技术为中心和以人力资源为中心的两个阶段。前者以信息管理为基础，知识管理的方法和技术也基本上沿用信息管理的范式，对知识的管理基本局限于显性知识。后者以人力资本理论为基础，体现了知识管理的内在发展规律，也反映了知识管理的内容构成（储节旺等，2006）。第二种是三阶段划分法，由 Kostas M、Kostas E、John 提出。三个阶段分别为 20 世纪 70～80 年代的以个体知识为核心的时期、90 年代到 2000 年的以群体知识为核心的时期和目前的第三代知识管理时期。第三代知识管理的主要内容包括：如何分析知识系统的投资和成本、如何采用现代技术进行知识转移以及如何将知识管理应用从组织泛化到社会生活中。学者普遍认为三阶段划分法能够准确把握知识管理的研究内容（储节旺，2007；Ponzi and Koenig，2002；Snowden，2002）。

在我国，赵丽梅和张庆普（2012）用矢量动态模型、MDS（多维尺度分析）和K－core（K核分析）等算法对知识管理的发展阶段做出了分析——1999～2001年，国内知识管理研究处于基础概念辨析、相似概念比较以及相关概念探讨阶段；到2002年，我国知识管理研究开始应用于实践领域，出现了理论探讨和技术实践的分野；2003年知识管理出现了从纯粹的显性知识挖掘向隐性知识挖掘过渡的倾向；2004～2005年国内的知识管理的研究导向更加明确，大致可分为组织行为与战略管理、知识管理技术实践以及基础理论与应用研究三大导向；2006～2007年，知识管理开始进入以“知识转移”为新热点的阶段；2007年以后，知识管理进入社会网络分析的发展和成熟阶段。

2.2.2 知识管理的研究视角

由于知识管理的理论基础跨越了多种学科，而且知识概念本身比较抽象复杂且具有多面性，因此国内外学者基于不同理论视角的研究使得知识管理呈现出一种“管理丛林”的态势（Scholl et al.，2004）。Earl（2001）曾针对40多家企业进行了调研，归纳出知识管理的行为、经济和技术三大派系。张勤和马费成（2007）采用共词分析法发现国外知识管理分为信息技术、组织行为和战略管理三大流派。蒋日富等（2006）将知识管理划分为学习、过程、技术、智力资本和战略五个流派。仲秋雁等（2010）采用Bibexcel对SSCI数据库中1990～2006年的文献进行共被引分析，最终确定知识管理分为战略流派、组织变革流派、过程流派、技术流派和应用流派。目前，广为学界和业界认同的是技术流派、战略流派和过程流派。

技术流派的研究重点是信息技术，该流派将技术作为知识管理的重要支撑（仲秋雁等，2010）。早期的人工智能、决策知识系统都是其来源（蒋日富等，2006）。国外学者 Alavi 和 Leidner（2001）依据信息技术在知识管理中的重要作用建构了知识管理系统的基本框架。Argiris（1994）则采用闭环双循环结构对信息传递过程对知识管理的影响做出了研究。另外，Honeycutt（2000）也提出了一种可以实施知识战略的知识管理基础结构模型。技术流派的研究在利用信息技术构架知识管理系统方面做出了卓越的贡献。

战略流派源于战略管理理论中的资源基础理论，是战略管理与知识管理整合的产物（蒋日富等，2006）。Drucker 指出，只有知识资源才是提升企业核心竞争力的根本。这充分地体现了知识战略的资源基础和动态能力（仲秋雁等，2010）。战略流派认为应当将组织中的所有资源全部运用到知识管理的流程中，以实现两个基本目标：一是试图建立一个有助于知识创造和知识共享的优良环境，并通过制度保障使得个人和组织的有效知识达到最大化；二是使组织中的有效知识更好地转化为市场中的产品和服务，从而提升组织的核心竞争力（叶茂林等，2003）。战略流派的主要贡献是将知识管理同战略管理紧密结合，将知识管理贯穿于组织发展。

过程流派认为知识管理实际上就是对知识流的管理，即知识流动的过程就是知识管理的研究对象。“知识流”概念最早是由 Teece 在 1977 年提出的，就是指知识在发送者和接收者之间相互传递的一种“流量”（flow），体现了知识流动的过程。美国学者 E. S. LEE 在 20 世纪 60 年代提出的推拉理论很好地解释了知识流动。推拉理论认为，影响流动的因素分为“推力”和“拉力”，对知识发送者来说，需要将知识进行选择性的“推”，而知识的接收者则需要对知识进行选择性的“拉”，当知识在“推”和“拉”的过程中达到平衡时，就会产生最适当的流量。知识流动通常包括知识转移、知识共享和知识整合三种类型（余维新等，2020），知识转移顾名思义就是将知识从单元 A 转移给单元 B（Argote & Ingram，2000）；知识共享是指个体传播或接受与工作相关的信息、经验和技能的行为（Hansen，1999）。有学者甚至指出，知识转移就是组织或个体根据计划对知识进行共享的过程（王众托，2007），知识转移就是知识共享的一种方式。知识整合是指组织或个体将两个或多个分离但相关的信息结合起来从而生成新的知识（Bauer & Souci，2010）。知识转移涉及知识外部化到内部化的转变，这种转变是否可以顺利进行、知识是否可以被有效吸收利用，很大程度上受到组织或个体知识整合能力的影响。Gupta 和 Govindarajan（2000）则描述了知识流动的四个关键构成要素：源头知识的感知价值、知识拥有者的分享意向、存在和丰富的传输渠道、知识接收者的获取意向，以及知识接收者的吸收能力（Cohen & Levinthal，1990）。学者们认为，知识不仅要储存在个体、团队和组织的内部，更要在个体、团体和组织之间进行交流和分享（Gupta & Govindarajan，2000）。知识管理的基本过程与组织中的业务流程既互为一体也相互独立。业务流程不仅是知识获取的来源，更是知识应用的对象，知识流程则是对组织业务流程的抽象和归纳，知识流程引领组织业务流程的发展。

2.2.3 知识管理的界定

由于知识管理本身具有一定的复杂性，且知识管理涉及的学科较多，因此国内外学者对知识管理的界定也是千差万别。

在知识管理研究早期，学者们主要从宏观的角度出发，把知识管理看作知识经济环境下对知识进行管理的一种管理思想和方法。Sveiby（1986）认为，知识管理就是一种利用知识创造价值的艺术。国内学者朱祖平等（2000）提出知识管理是对与知识有关的各种有形、无形资源的管理。Safdie 和 Edward（1998）认为，知识管理是使人、过程以及技术完美地结合起来，以使组织机构与信息相关的成分，变成能为企业带来价值、优势和利益的直观动态的知识财富集合。

2000 年以后国内外对知识管理的研究逐渐转向微观领域，即组织的知识管理。学者们普遍认为知识管理是对组织内知识进行管理和应用的活动，是对管理过程、管理情境等进行的详细化阐述。Bassi（1997）认为，知识管理是一个创造、获取和利用知识来增强组织能力的过程。通常包括验证并合理利用个人的知识，然后通过公司内部的数据库，或者电子邮件等互联网工具进行传递。David（1999）认为，知识管理是对知识及其创造、收集、组织、传播、利用与宣传等相关过程的系统管理。它要求将个人知识转变为某个组织可以广泛共享与适当利用的团体知识。Malhotra（1998）指出，知识管理是当企业面对日益增长的非连续性的环境变化时，针对组织的适应性、生存和竞争能力等重要方面的一种迎合性措施。本质上，它包含组织的发展进程，并寻求将信息技术所提供的对数据和信息的处理能力以及人的发明创造能力这两方面进行有机结合。Nonaka（1991）认为，知识管理要求致力于将基于任务的知识创新、知识传播并具体地体现在产品、服务和系统中。国内学者王志玮（2003）认为，知识管理就是知识的创造和利用。知识管理通过对组织知识资源的开发和有效利用以提高组织创新能力，继而提高组织创造价值的能力。

综上所述，知识管理是指经过知识创造、采集、储存、转移、应用等活动，使组织已有和新获得的知识使用效率最大化，从而提升组织核心竞争力和组织绩效。有效的知识管理能够帮助组织积极应对环境变化，增强个体、团队以及组织的创新意识和创新能力，提升组织的创新绩效。

2.2.4 知识管理的基本过程

关于知识管理的基本过程，学者们普遍认可的是 Alavi 等于 2001 年提出的知识创造（creation）、存储/索引（storage/retrieval）、转移（transfer）及应用（application）四个步骤（Alavi & Leidner，2001）。

知识创造指的是创造新的观点和流程，并将这些新观点和流程运用于新产品开发的过程。知识可划分为隐性知识（Tacit Knowledge）和显性知识（Explicit Knowledge）两类（Nonaka，1991）。其中隐性知识来源于行为、经验以及涉及的具体情境，一般不能进行准确描述，主要包括认知和技术因素（汪克强、古继宝，2005）。显性知识是可以被具体准确描述的，可以用符号和（或）语言的形式来阐述、编码以及沟通知识，通常包含在程序、政策和计划之中（Alavi et al.，2012；戚永红、宝贡敏，2003）。隐性知识具有高度个人化和难以沟通的特征，因此很难实现个体间的共享；而显性知识由于其易表达、可编码的特征，很容易在个体间交流和共享（Nonaka & Konno，1998）。知识创造的关键就取决于这两类知识的相互作用。根据知识创造理论，隐性知识与显性知识之间存在四种不同的动态转换过程，即社会化（Socialization）、外显化（Externalization）、组合化（Combination）及内隐化（Internalization），由此形成组织知识螺旋式转化和创造过程的SECI模型（汪克强、古继宝，2005；Nonaka & Konno，1998）。

当组织获得来自内部或外部的知识后，应进一步对这些知识进行储存和索引，即将知识进行系统化的编码、分类与储存，以便于个体或团队能在组织中快速搜索与获取（Zack，1999）。为了重复使用这些知识，在进行编码、分类与储存时，必须考虑组织中个体或团队的知识需求（Markus，2001）。也有学者认为组织中的知识即为组织记忆，知识管理过程就是对组织记忆进行存储、整理和索引（Stein & Zwas，1995；Walsh & Ungson，1991）。他们把组织记忆分为语义记忆和情景记忆（Walsh & Ungson，1991；Wilkins & Bristow，1987）。语义记忆是指显性的、可以被详细阐述的知识或记忆，情景记忆则是处于具体情景或环境下的知识或记忆。组织记忆对于组织行为或绩效的影响很复杂，正向影响包括组织变革的以往经验会以组织记忆的方式被存储，而建立在经验之上的组织变革会更加顺畅，更容易获得成功（Wilkins & Bristow，1987）；负向影响主要指组织记忆可能会带来偏见，使得组织成员想要保持现状而抵制变革。

知识转移是知识管理的第三个步骤。过程流派中所强调的知识流观点实际上就是对知识转移的研究。知识转移发生在多个层次：个体之间的知识转移、个体到团队的知识转移、团队之间的知识转移、跨越团队的知识转移以及从团队到组织的知识转移（Alavi et al.，2012）。组织的知识认知具有很强的分散性，因此知识转移主要指知识从拥有者向需求者的转移，通过转移，双方都拥有了知识，并对知识有了全新的理解，因此知识转移实质上是组织内或组织间的知识共享，并且是有目的、有计划的共享（Szulanski，1996）。

知识应用是指将从内外部获取的新知识和企业现有知识进行综合集成并运用知识解决问题的过程（Victoria，2006），其本质就是将组织中的智力资本转化为创新成果（Alavi & Tiwana，2002）。有形资源的组合和应用方式本身就能影响到其对企业的价值和贡献，知识作为无形资源，本身并不能带来价值和贡献，只有知识应用才能创造核心竞争力（Alavi et al.，2012）。很多组织都面临如何将“所知”转化为“所用”，而信息技术可以通过将知识嵌入到组织中从而支持知识应用，因此每个组织都应不断更新信息技术，以更好地促进组织的知识应用。

2.2.5 知识转移

知识转移是知识管理中最基本同时也是最复杂的活动。对组织而言，管理知识资源的关键任务之一是如何在组织中转移和传播知识，避免知识的重复开发并充分利用已有知识（陈菲琼，2001）。知识转移是组织竞争优势的来源（Wegner，1995）。

国外学者对知识转移的研究较早。1977 年 Teece 首次提出知识转移的概念。此后知识创造、知识转化利用等概念和模型相继出现。1995 年，日本学者 Nonaka 和 Konno 提出了最为著名的 SECI 模型，为知识转移和知识创造提供了理论依据。该模型指出知识创造中最为关键的阶段是从隐性知识到显性知识的转移。Szulanski（1996）认为，知识转移是组织内或组织间跨越边界的知识共享，即知识以不同的方式在不同的组织或个体之间的转移或传播。Szulanski 在 2000 年提出了组织内部最佳实践转移的知识转移模型，该模型具有一定的内隐性特质，这些内隐性特质一部分体现在个人的技能之中，一部分体现在互动合作的社交事务中（疏礼兵、贾生华，2008）。该模型把知识转移分为四个步骤：初始阶段、实施阶段、调整阶段和整合阶段（Szulanski，2000）。Jensen 和 Meckling（1996）认为，知识转移包括存储知识、处理知识的能力和知识输入/输出大脑的途径。Argote（2000）认为，组织知识转移是指组织通过不同渠道转移知识，实现组织知识共享，从而有效利用现有知识的过程。Holtham 和 Courtney（2001）指出，知识转移是进行知识交流的过程，但知识并不像有形资源一样可以自由传递，因此在进行知识转移的时候，必须要构建合适的转移渠道。

国内学者对于知识转移的研究在某种程度上源自早期的信息处理理论。信息流动（知识转移）是对任务不确定性的组织响应，而任务不确定性来源于执行任务所需的信息量和组织已经拥有的信息量之间的差异（疏礼兵、贾生华，2008）。王开明和万君康（2000）借用传播学的基本原理来分析知识转移的微观过程机理。他们认为，知识转移包括知识发送和知识接收两个基本过程，并通过中介媒体联接起来。徐金发等（2003）借用 Szulanski（1996）提出的组织内部最佳实践转移的知识转移模型，并在其中增加了企业内部知识转移的情境变量，将知识转移过程从知识的源单元到接收单元分为初始、实施、调整、整合四个阶段。魏江和王铜安（2006）认为知识转移是指知识以不同的方式在组织、群体或个体之间的转移或传播。

最具权威性、同时也对国内研究影响最深的是由 Nonaka 和 Takeuchi 在 1995 年提出的 SECI 知识创造和转移模型，也称为知识螺旋。SECI 认为，隐性知识与显性知识持续不断地转换与重组，通过社会化、外部化、组合化和内部化四种模式的交互运作，实现知识创造的良性循环（疏礼兵、贾生华，2008）。其中社会化（Socialization）是指组织隐性知识转换为个人隐性知识的过程，通常采用正式培训的方式，以面对面的沟通、模仿等方式完成知识的获取；外部化（Externalization）指将来自主观经验的隐性知识转换成显性知识，隐性知识通常采用隐喻或者模拟的方式进行；组合化（Combination）是将观点系统化形成知识体系的过程，主要指的是显性知识体系，通过电子邮件、对话、会议等进行知识交换；内部化（Internalization）是指组织成员通过实际操作与反复试错，边干边学，从而使知识被知识需求者真正理解和接受（Nonaka & Takeuchi，1995）。可见，知识转移不仅是知识的流动，更包含着知识的传递和获取，知识接收者在获取新知识后会将新获得的知识与原有知识进行整合、重构，从而形成全新的知识基础，而在个体知识重构和整合过程中必然会生成新的知识，即知识再造。知识转移与知识再造相互支持、相互包含、相互作用，共同构成知识管理的重要步骤和内容（疏礼兵、贾生华，2008）。

2.2.6 知识交互

交互这一概念最早产生于20世纪70年代的信息交互理论，指的是用户通过系统发出和接收信息，从而实现信息的交流并执行一系列任务。可见，交互本身是一种互动和协作，它是人类所特有的行为（Denys et al.，2019；Christopher，2004）。Nadler等（1996）认为交互有正式交互与非正式交互之分。正式交互往往是指由过程或程序驱动的交流或接触，而非正式交互则是通过小型或大型群体或者以社交媒体为基础的面对面接触（Moenaert et al.，1994；Leenders et al.，2003）。

知识交互（KI）被定义为主体互动时的知识转化（Eugenia et al.，2013）。这是因为不同领域的知识工作者就其本身所拥有的知识资源进行互动。知识交互以知识获取和知识创新为目的，各知识主体可以通过知识交互活动获取自己尚未拥有的知识，同时将这种知识的交流当作创新的源泉（Doris et al.，2002）。知识交互过程不仅是对个体拥有的专业知识的整合

(Lin et al., 2012),更是对团队成员间信息沟通以形成共同目标和行动的集体认知整合(黄昱方、范芸,2012)。知识交互可以在个体、群体和组织间进行。个体间的交互可以促进共同解决双方问题和提出全新方案(Simone et al., 2014);群体间的交互则可以改善团队任务成果(DuBrin, 2000; Jewell & Reitz, 1981);组织间的交互涉及资源的调整以及对个体、群体交互的干预(Simone et al., 2014)。

组织中的知识交互早期关注组织成员间的认知交互。Heavy(2015)提出,认知交互是对组织资源的协调过程,是组织成员实现认知共享并重构和激发更多新知识的过程。Daniel 和 Ryan(2019)认为,认知交互实现了组织中成员的知识整合和共享,促进成员了解组织的工作内容和外部环境,提升组织的绩效创新。进入21世纪以来,组织的内外环境发生了深刻变革,管理者寻求组织最佳战略变得愈发困难(Karayev & Sadikhova, 2020)。因此,知识交互的研究焦点转移到组织成员的行为交互,强调知识在组织成员间的协调(Faraj et al., 2000),这种协调涉及知识交互中的众多内容,包括隐性知识与显性知识的协调、知识拥有者与知识需求者之间的协调以及知识交互过程的协调(Prescott, 2001)。通过协调,交互双方可以实现知识的传递与共享,最终实现知识创新,完成组织目标。Wegner(1995)认为,知识交互是个体与个体、个体与团队之间的相互作用,是内部学习交流的过程,主要包括知识存储(认知)和交互过程(行为)。Bock 和 Kim(2002)认为,知识交互主要是指知识拥有主体(如知识工作者、组织等)之间进行的知识传递、交换、共享和创新的过程,这一过程体现了个体之间基于知识的相互依赖和作用,其本质上是知识在成员间流动、获取、运用、创新和反馈的无限循环过程。黄昱芳(2012)、赵宏源(2019)将知识交互看作知识与知识之间、人与知识之间以及人与人之间相互作用的过程。

知识交互与知识创造、知识转移密不可分。王润良和郑晓齐(2001)提出,知识交互是团队成员对知识进行交流学习的过程,也是知识创造的基础。知识交互应该适度。按照SECI模型，如果交互次数过多，成员间隐性知识和显性知识的转化频繁，成员的思想会逐渐趋同，进而影响到集体的知识创造；如果交互次数过少，则团队成员无法进行有效的知识转化，隐性知识无法转化为他人的显性知识，这会同时影响到知识的转移和创造。有效的知识交互是知识的“交易所”，引领不同领域的知识供应者和知识需求者的匹配（Nonaka，1991）。

2.2.7 即兴与知识管理

对于即兴的界定，如前所述，学者们大致从个体、团队和组织三个层面进行界定。不管个体、团队还是组织即兴，都是指在动态的环境中，即兴主体为了实现特定的目标而做出的反应和行动，这些反应和行动往往是计划外的、自发的、具有创造性的。但这些反应和行动并不是凭空而来的，是即兴主体基于丰富的知识和以往经验而做出的新尝试（王军等，2016）。

Weick（1993）最早描述了曼恩山谷火灾中幸存的消防员如何基于长期训练积累的经验而采取即兴行为挽救自己生命的全过程。后来他（1998b）在探讨爵士乐隐喻对组织实践的启示时，提出有效即兴离不开已有的知识和经验这一重要观点。Brown和Eisenhardt（1995）在一项关于计算机行业研发人员即兴行为的研究中发现，那些有既定惯例的公司远远比没有惯例做法的公司更有可能即兴。Winter（2003）则明确地把即兴与临时性的问题解决进行了区分，他认为后者是真正的“非模式”化，而即兴是以“模式化和经验化的行为”为基础，是一种“以创新的方式对模式和经验进行重组的微观行为倾向”。陈迟元（2012）基于Vera和Crossan的解释，认为即兴是主体通过自发性与创造性程序，试图以“新的方式”来达到原来目的的过程。这种“新的方式”是相对于惯例或已有经验而言的。

即兴往往建立在现有经验和知识基础之上（Cunha，1999）。Cunha

(1999) 认为，影响即兴创作的一个重要因素是主体所拥有的资源，知识就是一种重要的无形资源。由于组织面临的问题和机遇逐渐复杂化，要求即兴主体必须具备更为全面的知识、经验和能力（Stacey，1996）。Moorman 和 Miner（1998a）认为，组织记忆调节了组织即兴与其后果间的关系。组织记忆是指组织在发展过程中所获得的知识和信息，能够对组织当下的决策产生影响（Førde，2013）。他们将组织记忆分为程序性记忆和陈述性记忆，前者是指经过训练和实践所获得的技能和惯例；后者则是对事物、事件或命题的一般性的记忆。他们认为程序性记忆可以提升即兴的连贯性和有效性，陈述性记忆则可以提高即兴的创造性。因此，两种记忆应该结合起来，通过陈述性记忆创造性地使用程序性记忆，共同激发组织即兴产生更多的积极后果。Crossan 等（2005）按照时间压力和环境不确定性两个维度将即兴分为修饰性即兴、发现性即兴和全面性即兴三种类型。修饰性即兴发生在环境不确定性很低、时间压力很高的情境下，需要即兴主体凭借自身经验对突发事件做出快速反应。发现性即兴发生在时间压力很小、环境不确定性高的情境下，需要即兴主体拥有丰富的知识来应对动荡和变化。全面性即兴则发生在“双高”的情境下，最具有挑战性，要求主体同时具有以往经验和丰富的知识才能面对。

知识管理是指对个体、团队或组织所拥有的隐性知识和显性知识进行管理和应用，而即兴离不开即兴主体对现有经验和知识的创造性使用。学者们提出可以通过个性化和编纂策略提高对知识的存储和使用（Kianto et al.，2019；Anna - Maija & Aino，2016；Walsh & Lannon，2020），个性化策略主要针对成员间隐性知识的交流，通过非正式对话、虚拟会议或辅导等方式进行。它是通过线上或线下沟通实现主体间的信息共享、理解和解释，这为即兴发挥提供了知识基础。编纂策略则是指对显性知识的记录和储存（Hayaeian et al.，2021），包括程序、标准以及正式会议记录等。该策略支持主体随时访问这些过往记录，并从中吸取经验教训，这为即兴发挥提供了经验基础。由于个体是隐性知识的拥有者和显性知识的使用者，因此个体即兴是团队即兴和组织即兴的基础（Arias - Pérez & Cepeda - Cardona，2022）。

知识交互是指主体互动时的知识转化过程，它也与即兴密切相关。Mcknight 和 Bontis（2002）认为，跨组织的知识互动、协调、合作和信息共享不仅有利于组织即兴的实现，也可以促进即兴积极后果的产生。Vera 等（2016）发现，研发团队成员对新知识的共识以及搜集外部知识这两种知识交互行为积极预测了团队即兴，而团队成员的合作经验虽然本身不能直接预测即兴，但是在高度最小结构的情境下，合作经验与团队即兴呈现积极相关。Arias 和 Cepeda（2022）在研究人工智能技术对于知识管理和即兴的影响时发现，知识交互的频次下降会影响科研人员的即兴发挥。他们认为科研人员需要通过相当频率的知识交互来建立共同的知识库，并按照统一标准对信息进行解释和理解，在面对风险时他们才能够迅速地做出反应。

与知识交互相同，知识转移和即兴之间也存在高度相关性。Nadeera 和 Raj（2017）研究了洪水灾害期间政府部门的即兴管理，他们发现即使政府部门在洪灾管理中存在一定的"知识缺口"，也能通过即兴操作将有限的程序性知识联系起来，进而提出某种灾害背景下解决问题的"临时措施"。即兴行为能够弥补"知识缺口"，是推动知识转移并提出有效方案的关键因素。Gherardi 和 Nicolini（2000）研究了水泥工人的即兴行为和知识转移。他们发现在安全员现场对工艺标准提出质疑后，工头就会开始学习如何为安全员的现场勘察提前"做准备"——他们即兴识别出安全员在勘察过程中可能注意到的一些东西，然后按照安全守则和惯例进行修正。这种即兴行为在潜移默化中提升了工人对安全知识的学习和转移。Akgün 等（2007）研究了新产品开发团队的即兴行为与新产品开发的关系。他们发现，为了应对技术和市场的不断变化并提高创新绩效，团队往往会将即兴行为当作获取新知识的"引擎"——他们通过即兴发挥促进团队成员间的知识传递，并创造出全新的、有效的知识，这些新知识使得新产品开发具有较强的竞争力，能够适应不断变化的外部环境。

2.3 创新绩效

2.3.1 创新

1912年熊彼特在其著作《经济发展理论》中首次提出“创新”概念。他认为创新不仅包括新产品、新材料和新技术的应用，还包含新市场的开辟和新的组织形态的出现。Freeman在1982年的*The economics of industrial innovation*修订本中明确指出，创新就是指新产品、新过程、新系统和新服务的首次商业性转化。国内学者傅家骥和施培公（1996）指出，创新本质上是一个充分利用旧知识产生新知识，并调动企业各方面能力将新知识物化为现实的能力，组织企业员工进行高效率生产，实现市场价值的过程。陈劲（2013）认为，创新是对新想法的成功开发与利用，包括产品创新、过程创新、技术创新、管理创新等。创新能够使企业顺利度过经济萧条时期，并使企业保持在一个稳定状态。不仅如此，创新还是企业增长和获利的关键驱动力，可促使企业获得大幅增长（Kafouros et al.，2008），是获取企业竞争优势的来源（Mairesse & Mohnen，2004）。

2.3.2 创新绩效

随着对创新研究的深入，一些学者开始将绩效的概念与创新相结合，利用创新绩效衡量企业和个人的自主创新能力。

学者们分别从结果、过程以及结果和过程相结合的角度对创新绩效进行了界定。从结果角度来看，创新绩效主要体现在创新活动的产出及创新对组织的影响后果。如Hagedoorn和Cloodt（2003）将创新绩效阐释为企业在新产品、装备、过程与系统方面的成就。卫汉华等（2011）认为，创新活动能给企业带来效益。海本禄等（2017）则提出，创新绩效是能够客观衡量企业创新活动产出与成果的绩效，不仅包含企业通过新产品和服务销售所获得的直接经济利益，也包含了企业所拥有的专利与发明等间接经济利益。

从过程角度来看，创新绩效是指从创新想法产生到产品进入市场的全过程（陈钰芬、陈劲，2009）。Janssen（2000）将创新绩效定义为：为了提升个体或者企业的整体绩效，员工个体或组织团队在工作中对于新思想的提出、开发和利用，这一过程包括新思想的产生、组织支持、修正和实践。田红（2012）认为，创新绩效包含三个维度：新思维的产生、促进和实现。

从结果和过程相结合的角度，就是既关注创新的产出后果，又关注创新过程。Mumford（2000）认为，创新绩效不仅仅是指企业赖以生存和发展的创新产品或技术，还涵盖研发人员在实现创新目标过程中的知识发现、创新流程和工作氛围等所有可能影响创新绩效的过程因素。韩翼等（2007）对创新绩效的定义是：在个体水平上产生的新颖的、可行的、对组织有价值的产品、过程、方法与思想。姚艳虹和衡元元（2013）指出，创新绩效包括创新活动的执行、产出结果及将创新结果应用到工作中，只有整个过程从始至终地被完整执行且不断循环完善才能被称为创新绩效。

2.3.3 创新绩效的衡量

美国是最早开展创新绩效指标体系研究的国家。目前对创新绩效的评价与衡量并没有形成统一标准，学者们大多根据研究需要自行设定。他们的衡量指标也大体包括结果指标、过程指标以及结果与过程指标相结合三类。如表 2.1 所示。

表 2.1　　创新绩效的衡量指标

作者、年份	关于创新绩效的测度
Janssen（2000）	创新意愿、创新行为和创新结果
Hagedoorn、Kleinknecht（2003）	R&D 投入、创新支出总额、专利引用、专利和新产品数量等
Prajogo、Sohal（2003）	产品创新、流程创新
Hagedoorn、Cloodt（2003）	研发投入、专利数量、专利引用、新产品发布
池仁勇（2007）	新产品数、销售收入增长速度和利润增长速度等
陈劲、邱嘉铭、沈海华（2007）	新产品数、专利申请和技术诀窍等非财务指标
张明、江旭、高山行（2008）	研发支出、专利数量、专利交叉引用率和新产品数量等
陈钰芬（2009）	新产品开发速度、新产品数量、新产品销售收入占比等
解学梅（2010）	专利数、创新产品数量和创新产品销售比例等
沈灏、李垣（2010）	新产品数量增长程度、专利数量增长程度、研发投入增长程度和投资回报率增长程度等
陈劲、刘振（2011）	新产品开发速度、新产品数量、创新项目成功率、专利申请数和新产品销售收入占销售总额的比重等
朱晓琴（2011）	企业能够把握自身产品在市场中的定位、率先提出成功的发展战略、新产品开发速度、产品开发与创新的技术能力、工艺创新或生产流程较快等 12 个指标
韵江、马文甲、陈丽（2012）	研发速度、新产品数和新产品市场反应等
刘刚等（2018）	管理创新、知识水平等非技术因素和专利、研发投入等技术因素
任之光、高鹏斌（2020）	企业创新风险、成本、时间、流程、产品服务

使用结果指标衡量企业创新绩效，国内外研究比较丰富。Hagedoorn 和 Cloodt（2003）从研发投入、专利数量、专利引用和新产品发布等几个方面测量创新绩效。陈劲等（2007）从技术成果的角度选择了新产品数、专利申请和技术诀窍等非财务指标测量企业创新绩效。解学梅（2010）指出，创新绩效可以由专利数、创新产品数量和创新产品销售比例三项指标来衡量。

使用过程指标衡量创新绩效的研究相对较少。Janssen（2000）从创新想法产生、新工作方法搜寻、技术/工具、创新方法的推广、创新想法的转化与应用、创新理念引入工作环境以及创新想法的效用评估等几个方面来衡量创新绩效。

使用结果和过程相结合的方法衡量企业的创新绩效显然更为全面，学者们运用得也较多。如 Hagedoorn 和 Kleinknecht（2003）提出的 R&D 投入、创新支出总额、专利引用、专利和新产品数量等。Prajogo 和 Sohal（2003）从产品创新、流程创新这两个方面评价创新绩效，具体包括新产品的新颖度、是否在新产品中使用最近的技术创新成果、新产品开发速度、引入市场的新产品数量、投放首次面市的全新产品的数量等。陈钰芬（2009）的研究中包括新产品开发速度、新产品数量、新产品销售收入占比等指标。沈灏和李垣（2010）借鉴 Hagedoorn 和 Cloodt（2003）、Beneito（2006）的测度方案，选取新产品数量增长程度、专利数量增长程度、研发投入增长程度和投资回报率增长程度等指标测量。陈劲和刘振（2011）选取新产品开发速度、新产品数量、创新项目成功率、专利申请数和新产品销售收入占销售总额的比重等作为测度指标。韵江等（2012）指出，创新绩效包括创新所引致的直接和间接两种经济效益，采用研发速度、新产品数和新产品市场反应等。刘刚等（2018）采用全要素生产率（total factor productivity，tfp）作为企业创新绩效的代理变量。全要素生产率能够有效反应企业创新的总体效率，既包括管理创新、知识水平等非技术因素，也包括专利、研发投入等技术因素。任之光和高鹏斌（2020）则主要参考 Ferraris 等（2017）提出的包含创新风险、成本、时间、流程、产品服务在内的 5 个维度来衡量企业的创新绩效。

第3章

微观基础理论视角下科研人员即兴能力的形成

本部分以组织能力形成的微观基础理论为依据，从经验和创新两种知识交互过程探索科研人员即兴能力的形成，验证了个体经验和个体搜集外部知识对科研人员即兴能力的积极促进作用。此外，引入爵士即兴中的最小结构作为情境要素，发现其对科研人员即兴能力形成过程中的倒“U”形调节效应，这一结论挑战了以往西方背景的研究成果，对我国科技企业如何激发科研人员即兴和创新提供了一定借鉴。

3.1 能力形成的微观基础理论

3.1.1 即兴是三种能力层级的结合

3.1.1.1 能力的三层级理论

能力理论源于战略理论，是基于企业组织竞争优势根源问题的讨论而发展的，且大多相关研究都指出能力是企业组织间异质性的关键因素，是企业形成竞争优势的根本原因。而传统能力理论和资源基础理论难以有效解释企业组织如何在动态且复杂多变的竞争性市场环境中构建和维持竞争优势，因此，研究者开始从动态视角且尝试从不同层次研究能力与竞争优势之间的关系。

目前有关能力的研究大多指出能力是一种层次结构，旨在将结构引入能力概念。这种层次结构将能力分为三个层级：操作能力（普通能力，零级）、动态能力（一级）和学习能力（二级）（Collis，1994；Helfat & Winter，2011；Winter，2003；Zahra et al.，2006；Zollo & Winter，2002）。Winter（2003）用数学比喻来描述这三种层级：①操作能力即零级能力代表了组织如何谋生；②动态能力是操作能力的变化结果，代表组织如何适应变化；③学习能力是动态能力的直接结果，是操作能力和动态能力变化的结果，指组织如何转型升级。操作能力是组织生存的基础，指组织使用标准化的技术、产品或服务以满足目标客户群体的需求（Helfat & Winter，2011）。动态能力使组织能够改变其目前的运营方式，包括改变运营能力、组织的内部资源基础或外部环境（Helfat & Winter，2011；Winter，2003）。Zahra等（2006）指出，改变组织解决问题的方式的能力也是动态能力。动态能力代表组织如何适应变化。学习能力是终极的二级能力（Collis，1994；Winter，2003），也指通过经验积累、知识整合等创建和改变一级的动态能力（Zollo & Winter，2002）。

3.1.1.2 即兴是三种能力层级的结合

即兴能力的研究最先来源于爵士乐和剧场演奏，Weick（1998a）首次将即兴能力引入管理领域，认为即兴能力是集立即性、实时性、创造性于一体，不同于传统和常规的适应性行为，强调思考和行动同时进行。国内外的一些学者基于个人、团队、组织这三个视角研究即兴能力。在个人层面，Weick（1993）描述了在曼恩山谷火灾中一个消防员拯救自己生命的个人即兴行为。Hmieleski（2008）认为，即兴能力是在一定压力环境尤其是时间压力下，个人激发创造性并利用现有的可利用资源执行立即性行动的能力。从团队层面来说，Hutchins（1991）描述了一艘船的全体船员在导航系统损坏的情况下如何实时开发出新的操作系统并最终到达目的地的团队即兴行为，证明了团队即兴能力大于个人即兴能力之和。Moorman 和 Miner（1998b）认为，即兴是创造和行动在时间上的集中程度，同时强调即兴是在超过预期的、高动荡的环境下，能够及时、有创造性且有意图地协调和利用可用资源的能力。Vera（2005）把即兴能力看作研发团队将自发性与创造性相结合的一种能力，代表着一种用新方法来解决实时性的新问题的能力。在组织层面，阮国祥等（2014）认为，即兴能力是组织在市场和技术变动的环境下，能够快速反应并创造新产品或服务的能力。

可见，无论是从组织、团队还是个人视角，即兴都被看作一种面对压力或突发状况，自发性、创造性地利用手边资源主动应对的行为能力，它强调"立即反应"和"意图创造"。即兴能力也是操作级、动态级和学习级这三种能力层级的混合（Collis，1994；Helfat & Winter，2011）。首先，在操作层面上，即兴是指能够自发采取并且以新的方式对机会或问题做出回应的行动能力，并且这种行动的结果并不会从根本上改变组织当前的流程、产品和服务；此时的即兴能力只能提供救火式的解决方案。但对于团队的运作规则来说，这种即兴解决方案只可能对其产生短期的影响。其次，在动态层面上，即兴使得组织能够改变"生存"的方式（Winter，2003）。组织通过自发采取并以新的方式对问题或机会做出回应，这种应激反应性的即兴结果能够被保留下来，并改变组织当前的流程、产品和服务等（Miner et al.，2001）。在这种情况下，组织产生的新的流程、产品和服务等都可以永久性地保存下来，内嵌于组织的运作方式中。此时即兴能力体现出很强的动态性。最后，即兴也可以被看作一种学习能力，它是由动态能力经过不断的实践体验、整合实时信息等活动而形成的，是隐藏在操作能力和动态能力背后的一种学习机制，且这种机制具有模式化系统化的特征。即兴建立在边干边学的基础上，是长期试错学习的一部分，能够引导动态能力和操作能力的发展，在高速变化的环境和创业环境中这种引导体现得特别明显。

由此可见，即兴能力是操作能力、动态能力和学习能力这三种能力的集合，这三种能力并没有明确的界限，更确切地说，即兴是一种嵌于操作能力、动态能力的学习能力，即习得性能力。这种能力并非天生，而是可以通过后天的学习来获得的。

3.1.2 能力和惯例形成的微观基础理论

3.1.2.1 能力和惯例的关系

惯例和能力是战略管理领域的核心概念，对组织异质性和竞争异质性起决定性作用（Felin et al.，2012）。惯例最早由 Stene 在 1940 年提出，他指出惯例是一种个人习惯，不需要思考，具有机械固化的特点。后来也有学者指出惯例是一种标准程序（March & Simon，1958；Cyert & March，1963；Gioia & Pool，1984；Carly，1996），它决定着组织行为和做事的方式。也有学者把惯例看作是一种组织基因，它能将组织中的产品、技能和知识保持、传递和延续下去，使得组织长久稳定。能力则是“高水平的惯例或惯例的集合”，表现为组织被赋予的与资源配置相关的系列决策权（Winter，2003；Winter，2000）。Day（1994）认为能力是复杂的技巧和所积累的知识的集合。Collis（1994）从两个层面定义了组织能力：首先最基本的层面是配置资源、维持生存的基础性能力。其次是可以使组织资源改变的能力。Winter（2002）将能力定义为一个高层次的惯例。目前诸多学者都将能力划分为两类，一类是起着公司运行功能作用的运行能力，另一类是修改运行惯例的动态能力。

惯例和组织能力二者相互关联，惯例是能力的组成部分，变化的惯例构成了动态能力。学者们认为能力存储于指导决策的惯例中（Malerba and Orsenigo，1993），或者认为能力由作为行为惯例的结果组成，且经过一段时间，这些惯例被组织结构、政策、程序等人为措施所创造和强化；也有学者将能力看作惯例及其变异的联合（Tidd，2000）。也就是说，惯例和能力密切相关，惯例的集合形成能力，且能力可通过组织政策、程序、结构等手段强化、创新或改变惯例（Collis，1994；Helfat et al.，2007）。

3.1.2.2　从微观层面研究能力与惯例的必要性

能力形成的研究，大致经历了从宏观向微观、从静态向动态的演化路径。早期学者们都将组织能力看作静态且稳定的，并将其比作习惯、程序和基因或者某种机制的抽象，隐含的能力只能对环境的变化被动地做出反应，排除了组织成员的主动性作用。如 Stene（1940）认为，惯例是一种固定不变的规则、工作流程和行为程序，Cohen（1990）认为，惯例是无意识的、自发的习惯性行为。国内学者大多是从宏观层面研究组织能力的演化。如王永伟等（2012）、刘磊磊（2008）将外部新技术、产业技术变迁、企业间竞合关系、技术市场的变化看作是组织能力演化的动力。高展军和陈锋（2009）认为，组织能力的演化是由组织危机或外部环境冲击等外力所引起的，如组织财务危机、产业中新技术的出现。

近年来战略管理越来越侧重于微观基础，一些学者意识到在宏观层面研究能力的形成与演化的局限性，开始重视能力的微观基础研究。如 Abell 等（2008）认为宏观结果是经过个体来实现的，因此，个体微观层面的因素才是解释宏观层面现象的关键。他通过研究学习路径、学习能力及企业绩效的关系发现，基于个体层面的研究可以更清晰地认识学习路径和学习能力的形成以及它们作用于组织绩效的机制，微观研究的结果可以更好地指导实践。Gavetti 和 Rivkin（2005）认为，个体认知与行为是构成能力的基础。他们通过研究个体行为、结果与组织绩效的关系，更系统深入地发现组织问题。Felin 和 Foss（2005）则认为，宏观层面变量之间不存在直接的因果机制，直接用宏观变量解释宏观变量往往会遇到问题，而个体行为和互动是宏观变量间关系的基础。Felin 等（2012）也强调了微观基础研究的必要性。他们在研究知识和价值创造时发现，集体层面的研究无法透析个体差异，而个体差异对研究知识和价值创造具有先决意义。另外，研究组织能力形成的微观基础往往针对与工作相关的日常行为，是对组织内个体行为、个体之间的关系及其产生结果的更为生动的表达和展示，因而其研究结果更易于转化为指导实践的对策及建议。Coleman（1990）认为，微观基础研究的核心理念是将组织构成的基本单元——人作为落脚点，分析个体特征和行为以及相互作用，并将其结果与宏观层面的结果或问题相衔接。通过分析个体行为形成群体现象的机制来解释群体现象，则具有更强的预测力。Vromen（2011）、Salvato 和 Rerup（2011）则直接强调，组织能力研究应该重视构成组织的微观个体，原因在于任何一个组织都是由个体组成，但是这一基本事实在组织理论中涉及能力及其他群体层面的概念时却在很大程度上被忽视了。可见，从微观层面推进能力形成及演化的研究是一种迫切的需要。

总之，侧重于微观层面研究是因为：第一，对组织异质性的解释要求学者们关注微观层面的影响机制，即关注个体行为和相互作用，个体行为和相互作用对组织异质性和竞争异质性起决定性作用（Abell et al.，2008；Felin & Hesterly，2007）；第二，为获取和保持组织的竞争优势，组织管理者必须采取微观干预手段，重点干预个体认知、行为选择以及个体间的相互作用，他们是构成组织能力的基础（Abell et al.，2008；Wang & Barney，2008）；第三，微观层面的研究更为基本和稳定，也更具有普遍意义和实践指导意义（Coleman，1990）。研究组织能力形成的微观基础往往针对与工作相关的日常行为，是对组织内个体行为、个体之间的交互作用及其产生结果的更为直接的表达和展示，其研究结果更易于转化为指导实践的对策及建议。

3.1.2.3 能力与惯例形成的微观基础要素

许多学者开始强调研究微观层面的必要性，也研究了构成能力的微观基础的各个具体要素。Cohen（1990）和 Levitt、March（1988）从微观角度出发，将组织能力的形成看作一种组织学习过程，认为组织中个体主观能动性的发挥是组织能力形成的内生驱动力。Pentl 和 Rueter（1994）认为，组织能力的变化源于组织成员行为选择不同，不同的行为选择构成了组织能力变化的动力来源。组织成员的意图对于能力的变化起主导作用，导致组织能力的异质性（Howard - grenville，2005；Lazaric & Raybaut，2005）。国内学者的研究与国外学者类似。如陈彦亮和高闯（2014）探究人的主观能动因素对能力形成和演化的影响，从团队互动和团队认知这两个微观层面的要素研究能力形成的内在机理。党兴华和段发明（2014）探讨了组织个体的认知及认知交互对组织能力的影响。谷静茹和付永刚（2017）认为，管理者的个人认知是推动组织变革的动力。他们发现管理者的创造型认知风格、学习型认知风格、计划型认知风格对企业能力更新具有显著影响。

Felin 等（2012）在此基础上，系统且全面性地明确提出了组织能力微观基础的三个要素：个体、交互（或过程）和结构。个体是组织构成的基础，个体特征、认知和行为选择是理解组织能力这种群体现象的重要构件，是组织能力形成的直接驱动力（Felin & Hesterly，2007）。个体拥有的知识、技能、经验和认知等人力资本显著影响组织绩效（Zucker & Darby，1996；Groysberg & Lee，2009）；交互（或过程）是指个体行为的相互依赖和作用，但并不是每一次交互都能形成组织能力，只有当交互成为一种模式时方可形成，这种模式既包括规则、标准化操作流程等正式模式，也包括规范和经验等非正式模式。该模式对组织能力的影响主要体现在合作方式与技术两个方面。从合作方式看，无论是正式合作（如规则、标准化操作流程等）还是非正式的合作（如规范和经验等）都可能促进或抑制组织能力开发，且这种合作方式必须形成惯例并模式化（Argote，1982；March et al.，2000；Pertti et al.，1987）。从技术角度看，新技术的应用重构了专业人士间的社会互动并积极影响他们的学习效率（Barley，1986；Ashworth & Argote，2006）。以问题解决为导向的情境学习方式也需要有技术支持才能实现个体间的相互作用（Tyre & Von Hippel，1997）；结构是指影响个体或群体行为的环境条件，它确定了支持或者约束个人和集体行为的边界条件，并在组织内构建了一种相互作用的氛围，能够促进或抑制信息处理、知识共享、行动的整合协调、行为复制以及能力开发。如果组织倡导灵活性，在制定规则时就会给即兴留出空间；如果组织想要更多的控制权，规则就会制定得较为复杂（Davis et al.，2009）。需要指出的是，即使同一种结构类型，它对组织的影响也是微妙的，比如提倡自主性和成员信息最大化的结构，一方面会促进创新创造和能力提升；另一方面又会给部门内部的合作以及部门之间的知识共享带来障碍（Foss，2003），这反过来又抑制了组织能力提升（Hoopes & Postrel，1999）。

3.1.3 即兴能力形成过程中的知识交互形式

目前知识交互的研究焦点已从组织成员的认知交互转移到他们的行为交互，后者强调知识在组织成员间的协调（Fara et al.，2000）。通过协调，交互双方可以实现知识的传递与共享，最终实现知识创新，完成组织目标。Wegner（1995）认为，知识交互是个体与个体、个体与团队之间的相互作用，是内部学习交流的过程，主要包括知识存储（认知）和交互过程（行为）。Bock 和 Kim（2002）认为知识交互主要是指知识拥有主体（如知识工作者、组织等）之间进行的知识传递、交换、共享和创新的过程，这一过程体现了个体之间基于知识的相互依赖和作用，其本质上是知识在成员间流动、获取、运用、创新和反馈的无限循环过程。黄昱方（2012）、赵宏源（2019）将知识交互看作知识与知识之间、人与知识之间以及人与人之间相互作用的过程。

按照 Levinthal 和 Rerup（2006）的观点，即兴能力的形成与开发至少通过两种途径：经验和创新。即兴的“立即反应”要求有快速的反应能力，这依赖于经验知识的储备。丰富的“经验”是突破时间压力做出有效即兴决策的关键因素。经验能够使实时场景与经验快速匹配以得到解决方案。Nelson 和 Winter（1982）认为，即兴的出现是对于现有惯例的重组。Hargadon 和 Sutton（1997）认为，当遇到新问题时，现有案例积攒的经验会被发现并重新组合，用以解决新问题带来的困境。即兴的“意图创造”要求不同于以往的惯例性行为，需要有一定的创造性或创新性想法，成员对外部知识的搜集则是创新的来源（Felin et al.，2012）。甚至有学者认为创新就是企业从外部获取市场知识和技术知识，并将这些知识整合起来获得新的创意，这些创意与相应的资源的组合可以为市场创造出有价值的产品（Morgan et al.，2011）。因此，本研究选取个体经验和个体对外部知识的搜集作为即兴能力形成的两种交互过程要素。

3.2　研究模型与假设

基于组织战略视角，运用能力形成的微观基础理论，从个体、交互过程和结构三要素探究科研人员即兴能力的形成机制，其中个体是指科研人员，交互过程是指科研人员的经验，以及对外部知识的搜集。这是因为结构是指支持即兴的组织环境即最小结构。因此，本研究提出了如图 3.1 所示模型：

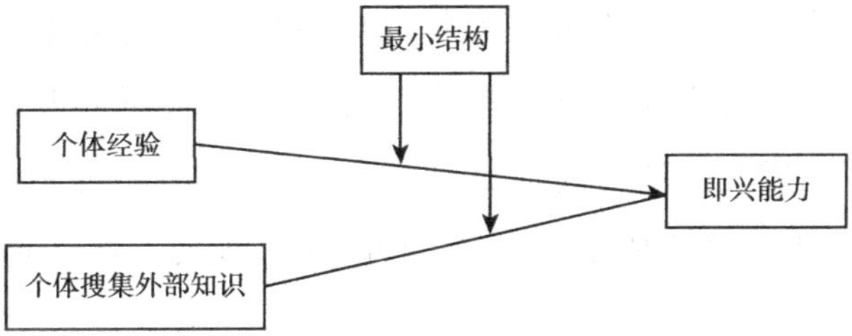

图 3.1　研究模型

3.2.1　个体经验与即兴能力

经验通常是指那些教会个体如何更有效地完成任务的惯例和实践（Reagans et al.，2005）。个体经验则是指个体积累的工作经历，它往往与任务绩效密切相关（Thorndike，1898）。个体完成某项任务花费的时间越多，他们所犯的错误就越少，原因在于个体从任务中获得了经验。个体累积的任务经验的增加会提高他们的工作熟练程度，有利于与他人的协调和合作（Reagans et al.，2005）。个体经验对即兴能力发挥起重要作用，正如爵士演奏者能够将他们以前表演中的音乐要素即兴组合，从而创作出新的节拍旋律，组织中的个体也可以将日常工作过程中的惯例做法通过即兴发挥重新组合，产生新的行为方式（Hatch，1998）。随着个体经验的增加，他们有更多机会积累与任务相关的知识，并能够从记忆中筛选、再组织和整合已有的知识，以面对和处理某些意外事件。

个体经验即使在团队中也很重要。在团队环境下，个体能够获得更多的任务信息和角色信息，尤其是能够更多了解团队中的各种角色。他们能清楚获悉团队其他成员都擅长什么，以及如何有效利用每个人的专业知识和技能（Ren & Argote，2011）。也就是说，个体经验教会团队成员之间如何进行分工合作，如何相互信任并更愿意主动分享专业知识和角色信息（Reagans et al.，2005）。团队成员间的认知依赖性也随之增强，这会进一步影响任务分配和团队奖励系统（Ren & Argote，2011）。随着团队日趋多元化，团队成员的个体经验可以为其他成员提供特定文化背景下的知识信息、综合能力、跨文化沟通和联合工作技能，从而带来更高效的知识共享，加强团队成员间的互动（Imran et al.，2021）。随着团队内部个体经验水平的提升，团队成员可能会有更多的即兴发挥。据此提出如下假设：

H3－1：个体经验促进科研人员即兴能力。

3.2.2 个体搜集外部知识与即兴能力

Grant（1996）认为，组织的主要作用就在于将存储在个体头脑中的专业知识整合成为商品和服务。收集外部知识是指认识到新的外部信息的价值，吸收和应用这些知识以实现商业目的的全过程。吸收能力是收集外部知识的核心，它与事先存储的知识密切相关（Cohen & Levinthal，1990）。吸收能力不仅指组织获取或模仿信息的能力，还包括组织利用信息的能力。因此，组织的吸收能力不仅取决于组织与外部环境的直接接触，还取决于组织内部的知识转移（Cohen & Levinthal，1990）。个体能够利用以往拥有的相关知识吸收、转移并使用这些新知识。他们需要在现有知识中添加这些新知识，以增加原有记忆组块的容量（Cohen & Levinthal，1990；Grant，1996）。收集外部知识实际上是外部知识和内部知识的创造性重组过程，即外部知识先要被内部知识再组织并吸收，然后累积起来以备后用（Miner et al.，2001）。

按照Grant（1996）的知识基础理论，收集外部知识与创新密切相关。这对于即兴来说具有重要意义。来自外部渠道的知识可能为墨守成规的思维注入新的观点和活力，并提升个体使用新方法重新组合、配置以往经验的能力。外部知识因其多样性可能成为一种创新诱导，它可以刺激个体产生新观点，引导个体在获得专利机会更大的项目上花费更多时间和精力（Kyriakopoulos，2011）。当个体接触到新知识时，他们才会意识到自身内部知识的缺陷，主动提升能动性，发现重组内部和外部知识以实现有效即兴的潜在机会（Miner et al.，2001）。在团队层面，由于项目成员在编码方案和技术语言上的差异，因此即使面对同一外部知识，成员间也会有不同的解读，这为团队创新提供了潜在可能（Kyriakopoulos，2011）。此外，外部知识降低了团队创新的风险性，这是因为团队创新的决策是基于外部市场反应而非抽象概念的驱使（Kyriakopoulos，2011）。由于研发团队所处的环境在需求、竞争和技术方面都处于快速变化之中，即使是经验丰富的团队也需要广泛的外部知识来完成任务（Vera et al.，2014）。因此，团队接触、吸收和应用外部资源的过程，也是与已有资源进行创造性重组的即兴发挥过程，体现了科研人员的有效即兴能力（Vera et al.，2014）。据此提出如下假设：

H3－2：收集外部知识促进科研人员即兴能力。

3.2.3 最小结构的调节

最小结构来源于爵士演奏，是指表演者不受结构限制，但同时也需要一套表演者和听众心知肚明的规则或原则（Hatch，1998）。它既释放了表演者的创造力，也阐明了创作和协作的特定方式，从而抑制了爵士演奏的混乱（Pasmore，1998）。此后，学者们将最小结构应用于组织管理并进行了深入研究。如Cunha（2002）将最小结构看作是一种实现目标和自由行动间的微妙平衡机制，员工拥有共同目标，但在实现目标的过程中其具体行动并不受限。Kamoche和Cunha（2001）则直接把最小结构界定为自由与控制的结合。他们认为只有最小结构才能兼顾规则和灵活性，为即兴和新产品开发提供支持性的组织环境。国内学者高鹏斌（2013）认为，最小结构既促进集聚又促进发散，既关注中心而又开放周边。他认为最小结构给组织成员指出了清晰的方向，同时也让他们有充分空间进行即兴发挥。张勉（2017）认为，最小结构就是组织即兴的合弄制，它实现了有边界的自由，在保持即兴所需的灵活性的同时，也使企业具有稳定性和可控性。

国内外学者大多从控制（目标）和自由（自主性）两个维度来衡量最小结构。在研发环境中，控制通常是指管理层如何为研发人员设定清晰的工作目标，哪种目标需要被优先考虑，以及如何对目标进行详细指导（Janz et al.，1997）；自由是指研发人员在无须获得管理层同意的前提条件下进行自主决策的程度（Sundstrom，1990）。在高自主性和低目标清晰度的情境下，科研人员使用以往累积的个体经验应对意外事件，很可能由于缺乏目标指向性带来混乱；而在高目标清晰度和低自主性的情境下，上述行为则可能导致即兴停滞。只有高自主性和高目标清晰度才能为科研人员提供“权限”（自由）和“指导”（控制），以便他们积累并使用个体经验，从而促进即兴能力发挥（Vera et al.，2014）。在团队合作中也是如此。

最小结构中的自主性能够直接支持那些有经验的团队成员进行尝试和创新，因为他们可以跳出传统工作职责的“边框”，充分利用其他成员的能力和优势。清晰目标则帮助团队成员聚焦方向，避免他们的努力行为过于分散（Janz et al.，1997；Brown & Eisenhardt，1998）。因此，提出如下假设：

H3－3：最小结构正向调节了个体经验和科研人员即兴能力的关系。

H3－3a：自主性正向调节了个体经验和科研人员即兴能力的关系。

H3－3b：目标清晰性正向调节了个体经验和科研人员即兴能力的关系。

从组织外部渠道吸收知识对于组织的创新管理至关重要。将内部知识与外部知识相结合以面对外部环境的变化和挑战，这往往是即兴能力的来源。外部知识收集渠道很多，如大学、合作伙伴、外包协议和联合研究项目等，获取方法包括非正式网络、研发合作、许可和技术获取等（Vera et al.，2014）。无论从哪种渠道，采用何种方法，收集外部知识都要先对外部知识进行评价，即个体首先要浏览外部环境以寻求新的知识和技能，然后才能准确筛选出最有价值的外部知识（Nemanich，2010）。在高自主性和低目标清晰度的情境下，科研人员搜集外部知识的行为可能会导致知识冗余和资源滥用；而在高目标清晰度和低自主性的情境下，科研人员搜集外部知识的行为可能导致观点缺乏远见和创造力不足（Vera et al.，2014）。只有高自主性和高目标清晰度的结合才能促进个体对外部知识的搜集并开发即兴能力。研发团队更需要外部知识来开发更广泛的知识库。外部知识的引入给团队注入新的想法，可以丰富团队重新组合过去经验的能力。由于最小结构在知识获取的目标、边界和优先顺序等方面确定了基本原则和底线，同时又给予科研人员充分的发挥空间，因此高水平的最小结构会促使团队充分搜集外部知识，并在内外部知识重组过程中即兴创新。因此提出如下假设：

H3－4：最小结构正向调节了外部知识搜集和科研人员即兴能力的关系。

H3－4a：自主性正向调节了外部知识搜集和科研人员即兴能力的关系。

H3－4b：目标清晰性正向调节了外部知识搜集和科研人员即兴能力的关系。

3.3 研究设计与问卷的预分析

3.3.1 各变量的测量

本研究变量测量均使用国内外已有量表，要求被试者根据自身实际工作情况填写。量表采用 Likert7 点法，1 代表“完全不同意”，7 代表“完全同意”。

（1）个体经验。

个体经验是指个人在工作中积累的知识经验，以及他们对合作者优点和缺点的熟悉程度（Argote & Ingram，2000；Tesluk & Jacobs，2010），包括“我能充分利用我在以往的研发项目中所积累的技术、知识和经验”“我清楚知道我的同事擅长什么和不擅长什么”等 3 个题项。

（2）搜集外部知识。

搜集外部知识采用的是 Vera 等（2014）开发的量表，包含“对于其他公司开发的新技术，我总能够收集到这些信息”等 3 个题项。

（3）最小结构。

Vera 等（2014）从自由和控制两个方面对最小结构进行测量，使用研发人员在创新过程中的任务自主性程度作为自由维度的衡量指标，使用目标顺序的清晰程度作为控制维度的衡量指标。值得注意的是，这两个维度的测量遵循了二元测量方法，即整体构念得分高的则在两个维度上得分也高，而在任一维度上得分低都显著降低了构念的总体得分。也就是说，自主性和目标清晰度并不是反相关关系，高的目标清晰度并不意味着低的创新自主性，低的目标清晰度也不意味高的创新自主性。高水平的最小结构意味着高自主性和高目标清晰度。这种测量方式与本研究对最小结构的界定相匹配，因此本书沿用 Vera（2014）的量表，自主性包括如“即使未经上级批准，我也能在创新设计时进行自由尝试”等 3 个题项，目标清晰性包括如“我有非常清晰的目标”等3 个题项，最小结构总共6 个测量题项。

（4）即兴能力。

即兴能力的测量主要参考 Moorman（1998a）、Vera 等（2005）和曹光明（2016）开发的量表，包含自发性、创造性和利用现有资源 3 个维度共 9 个题项，包括“我能当场处理预料之外的问题”“在处理某些问题时，我能边思考边执行”等。

（5）控制变量。

控制变量包括性别、年龄、受教育程度、企业性质和工作年限。先前的研究表明，男性在感知能力、风险承受能力方面通常比女性表现得更好（Verheul et al.，2010），而感知能力和风险承受力通常和个体即兴积极相关（马鸿佳，2015）。由于年龄会影响个体感知和经验，因此也会影响即兴能力的发挥（马鸿佳，2015）。工作年限越长，个体获得的工作经验越多，越容易形成即兴能力。如 Bastien 和 Hostager（1988）发现，随着乐团成立时间的增长，乐手们逐渐拥有即兴所需的经验，即兴发生的概率相比乐团组建之初大大提高。

3.3.2 问卷的预调研和修正

本研究针对科研人员，样本的收集选取北京、上海、广州、河北等地的科技公司。调研过程分为预调研和正式调研两个部分。预调研于 2019 年 4 月进行，对北京、上海、广州以及河北等地的科技公司或者企业研发部门依托网络实施调查。此次调研共发放 200 份问卷，进行一次性收取问卷。

回收问卷 152 份，其中有效问卷共 141 份，问卷的有效回收率为 70.5%。根据第一部分基础信息的回答情况，我们整理了此次被调查人员在性别、年龄、受教育程度、工作年限、企业性质等诸多方面的分布情况，统计结果发现调查对象在年龄、工作年限和受教育程度分布来看均符合本课题的研究目的，存在的主要问题有两个：一是女性被调查者所占比例很小，只有 15.2%。但相关研究显示，2017 年经济合作与发展组织（OECD）国家中通信技术领域只有 20%的新晋科技工作者为女性。美国、欧洲、日本获工程学位的毕业生中，女性占比均未超过 20%。在中国，研发人员中女性占比同样不足 3 成（王高峰等，2022），因此本调查中的女性占比属正常情况。二是企业性质的分布，民营和私营公司所占比例过高，达到 80%。由于国有企业（包括党政机关和事业单位）和民营或私营公司的组织文化、管理机制等可能存在较大差异，这样的构成比例可能会对后续研究结果产生影响。因此，在之后的正式调查中，本研究对企业性质的分布进行了干预，确保国有企业（包括党政机关和事业单位）所占比例不低于 30%。

根据主问卷的回答情况，我们通过使用预调研小样本数据对个体经验、个体搜集外部知识、最小结构和即兴能力量表进行初步检验。信度分析结果表明，量表中所有题项的克朗巴哈系数均在 0.7 以上，说明各量表的信度表现很好、稳定性强，因此所有题项都可以保留。需要指出的是，本研究中对个体经验的测量，既包括在个体层面上个人经验的积累和使用，也包括在团队层面上个人如何与他人合作分工，共同完成创新任务。探索性因子分析表明，这二者的区分度非常低。这说明本研究对个体经验的界定与衡量是合理的。

2019 年 7 月，本研究采用修正后的正式问卷对北京、上海、广州和河北等地的科技公司依托网络实施了正式调研。根据本课题研究目的及第一次调查中所发现的问题，本次调查调整了问卷发放的对象企业，主要表现在对企业性质的分布方面进行了干预，确保国有企业（包括党政机关和事业单位）的比例不低于30%。

为尽可能减少同源偏差的影响，正式调研分两次收集数据。第一次主要是测量控制变量、自变量以及调节变量。一个月后，再一次问卷填答，主要是测量因变量。在第二次调查中，线上收集的问卷通过追踪IP地址的方式或通过邮件联系让同一被试者二次填答问卷；线下收集的问卷通过企业HR再次联系被试让其第二次填答。本次调查共发放300份问卷，共回收228份问卷，其中有效问卷213份，问卷的有效率为71.0%。对回收样本数据进行初步分析后发现样本的分布与本研究预期效果基本一致。

3.3.3 样本的基本信息

本研究问卷调查主要针对北京、上海、广州、河北等地的科技公司展开，将企业中的科研人员或研发人员作为本研究调研的对象。本研究最终回收样本的基本情况见表3.1：从性别来看，男性占68.1%，女性占31.9%；从年龄来看，以30岁以下年轻员工为主，20~25岁占28.6%，26~30岁占30.2%，31~35岁占21.1%，36~40岁占11.3%，41岁及以上占2.8%；从受教育程度看，本科以上学历的员工占据较大比例，大专以下占0.9%，大专占12.2%，本科占58.2%，硕士研究生占24.9%，博士研究生占3.8%；从工作年限看，1~3年占40.4%，3~5年占19.7%，5~7年占11.7%，7~10年占10.8%，10年及以上占17.4%；从企业性质来看，民营/私营企业占比最大，国有企业占35.2%，合资或外资企业占9.4%，民营/私营企业占44.1%，党政机关或事业单位占1.9%，其他企业性质的占9.4%。

表3.1 研究样本分布情况

变量	类别	样本数	占比（%）
性别	男	145	68.10
	女	68	31.90

续表

变量	类别	样本数	占比（%）
年龄	20～25 岁	61	28.60
	26～30 岁	77	30.20
	31～35 岁	45	21.10
	36～40 岁	24	11.30
	41 岁及以上	6	2.80
教育	大专以下	2	0.90
	大专	26	12.20
	本科	124	58.20
	硕士	53	24.90
	博士	8	3.80
企业性质	国有企业	75	35.20
	合资/外资企业	20	9.40
	民营/私营企业	94	44.10
	党政机关或事业单位	4	1.90
	其他	20	9.40
工作年限	1～3 年	86	40.40
	3～5 年	42	19.70
	5～7 年	25	11.70
	7～10 年	23	10.80
	10 年及以上	37	17.40

3.3.4 信度和效度的检验

(1) 信度检验。

信度分析是对测量量表的稳定性进行评价，来判断量表中所测量的题项是否为同一概念，本研究中的信度检验是用克朗巴哈系数来表示，当克朗巴哈系数大于 0.7 时表示量表的稳定性较好，如表 3.2 所示，个体经验、即兴能力、最小结构、个体搜集外部知识的克朗巴哈系数分别为 0.880、0.929、0.850、0.781，均大于 0.7，说明量表的信度较高。

表 3.2 信度分析

变量	Cronbach's α
个体经验	0.880
搜集外部知识	0.781
即兴能力	0.929
最小结构	0.850

(2) 效度检验。

本研究中采用 Amos20.0 进行数据的结构效度分析，分别比较单因子模型（个体经验 + 个体搜集外部知识 + 即兴能力 + 最小结构）、双因子模型（个体经验 + 个体搜集外部知识 + 即兴能力、最小结构）、三因子模型（个体经验 + 个体搜集外部知识、即兴能力、最小结构）和四因子模型（个体经验、个体搜集外部知识、即兴能力、最小结构）。结果见表 3.3，四因子模型的拟合度相对较好，χ^2/df（$1 < NC < 3$）、RMSEA（< 0.08）、CFI（> 0.90）、NFI（> 0.80）、TLI（> 0.90）适配度指标值都达到可接受标准，表明结构效度良好。

表 3.3 验证性因素分析结果

模型	χ^2	df	χ^2/df	RMSEA	CFI	NFI	TLI
单因子模型	1031.322	252	4.093	0.121	0.761	0.711	0.716
双因子模型	833.575	251	3.321	0.105	0.821	0.766	0.787
三因子模型	758.686	249	3.047	0.098	0.844	0.787	0.812
四因子模型	427.232	243	1.758	0.060	0.944	0.880	0.936

3.3.5 共同方法偏差

在数据收集过程中，本研究虽然分两次收集数据，尽可能地控制同源偏差的影响，但是由于本书研究条件有限，难以从不同来源收集数据，因此选用验证性因子分析对共同方法偏差进行检验和控制。不含共同方法偏差的模型，得出结果 $\chi^2/df = 1.758$，RMSEA $= 0.060$，在加入共同方法偏差后，$\chi^2/df = 2.248$，RMSEA = 0.077，χ^2/df 提高 0.49，RMSEA 值提高 0.017，说明加入共同方法偏差潜变量后，模型的拟合指标并没有变好，说明不存在显著的共同方法偏差，可进行下一步的数据分析。

3.3.6 相关性分析

变量的均值、标准差和相关系数如表 3.4 所示。个体经验、个体搜集外部知识与即兴能力呈显著正相关，最小结构的两个子维度自主性、目标清晰性也和即兴能力正相关。这为假设验证提供了初步依据。变量间的相关性都小于 0.7，因此变量间不存在共同方法偏差问题。

表 3.4 变量间的相关性分析

变量	M	SD	1	2	3	4	5
个体经验	4.915	1.169	1				
搜集知识	4.742	1.208	0.473**	1			
即兴能力	4.911	1.108	0.676**	0.495**	1		
自主性	4.074	1.376	0.471**	0.427**	0.502**	1	
目标清晰性	5.099	1.279	0.688**	0.404**	0.684**	0.429**	1

注：** 表示在 0.01 水平（双侧）上显著相关。

3.4 数据分析与讨论

本研究采用多元线性回归的方式对提出的假设进行检验。如表 3.5 所示，M1 将性别、年龄、企业性质、工作年限作为控制变量，研究各控制变量对即兴能力的回归，结果显示各控制变量对即兴能力的影响并不显著。在此基础上做个体经验对即兴能力的回归，M2 结果表明，个体经验对即兴能力具有显著的正向影响（$\beta = 0.649$，$P < 0.001$），回归方程显著，模型整体解释度增加值 R^2 为 0.486，这表明团队成员共事经验能解释即兴能力

中48.6%的变异度。假设3-1得到支持。同样，M3表明个体搜集知识对即兴能力具有显著的正向影响（β=0.462，P<0.001），假设3-2得到支持。

接下来我们验证最小结构的调节效应。首先，检验最小结构在个体经验和即兴能力间关系的调节作用。引入个体经验与最小结构的交互项，M4显示个体经验与最小结构的交互项系数不显著（β=-0.024，P>0.1），即最小结构不显著调节个体经验与即兴能力的关系，假设3-3不成立。其次，验证最小结构的两个子维度自主性和目标清晰性的调节作用，M5和M6分别显示个体经验与自主性和目标清晰性的交互项回归系数不显著（β=-0.007，P>0.1；β=-0.034，P>0.1），即自主性和目标清晰性对个体经验与即兴能力关系的调节作用不显著，假设3-3a和3-3b均不成立。

同理，检验最小结构在个体搜集外部知识与即兴能力间关系的调节作用。引入个体搜集知识与最小结构的交互项，M7显示交互项的回归系数不显著（β=-0.012，P>0.1），即最小结构不显著调节个体搜集知识与即兴能力的关系，假设3-4不成立。进一步验证自主性和目标清晰性两个维度的调节作用，M8和M9的交互项系数均不显著（β=-0.017，P>0.1；β=0.016，P>0.1），即自主性和目标清晰性对个体搜集知识与即兴能力间关系的调节作用均不显著，假设3-4a和3-4b均不成立。

表3.5　　　　回归分析检验

变量	即兴能力								
模型	M1	M2	M3	M4	M5	M6	M7	M8	M9
性别	0.025	0.024	0.068	0.033	0.032	-0.011	0.060	0.080	-0.008
年龄	0.088	0.129	0.203	0.039	0.085	0.054	0.030	0.104	0.068
企业性质	-0.120	-0.029	-0.125	0.015	0.011	0.051	-0.018	-0.051	-0.101
工作年限	-0.025	-0.130	-0.091	-0.046	-0.087	-0.065	0.006	-0.029	-0.031
IE		0.649***		0.472***	0.657***	0.369***			
EKG			0.462***				0.236	0.373**	0.161

续表

变量	即兴能力								
IE×MS				-0.024					
IE×AT					-0.034				
IE×GC						-0.007			
EKG×MS							-0.012		
EKG×AT								-0.017	
EKG×GC									0.016
R	0.179	0.697	0.528	0.764	0.728	0.758	0.728	0.614	0.743
R^2	0.032	0.486	0.279	0.584	0.529	0.574	0.531	0.377	0.552
调整后 R^2	0.009	0.471	0.258	0.568	0.511	0.560	0.512	0.536	0.534
F 值	1.347***	32.490***	13.272***	35.841***	28.676***	39.485***	28.819***	15.417***	31.385***

注：表中回归系数均为标准化回归系数，* 表示 $P<0.05$；** 表示 $P<0.01$；*** 表示 $P<0.001$。IE——个体经验；EKG——搜集知识；AT——自主性；GC——目标清晰性；MS——最小结构。

3.5 小样本质性研究

由于前文的大样本量化研究没能验证最小结构的线性调节作用。我们考虑这可能是由于以往研究多以西方社会为背景，而本研究是基于中国大陆的本土企业。文化差异可能是研究结论不符的潜在原因，因此我们拟通过访谈揭示我国科技企业或者研发部门如何看待最小结构，以及最小结构如何在研发人员即兴能力发挥及创新绩效提升过程中所起的作用。

3.5.1 访谈人员的选取

本次访谈选取了位于北京和深圳的三家科技企业中的 10 名研发人员和主管，具体分布见表 3.6：

表3.6 访谈人员统计表

	华为北京研究所	合一科技	速途网络
研发人员	1、2、3、6	4、7	5
项目主管	1	2	3

3.5.2 访谈样本与数据

2019年10~12月，本研究选取合一科技、速途网络和华为北京研究所三家科技企业的7名研发人员与3名项目主管为访谈对象进行了访谈，访谈对象包括研发项目主管和参与项目的一般研发人员。其中对华为人员采用面对面访谈，合一公司和速途公司的访谈对象由于工作地点不在北京，因此使用微信访谈。访谈是半结构化的，面对面访谈每次为30~40分钟，微信访谈视对方时间而定。

3.5.3 访谈主要内容

访谈主要内容围绕工作氛围、工作自主性的发挥、工作目标制定以及绩效考核导向进行，具体访谈提纲见附录。

工作氛围，包括上下级之间的不平等程度即权力距离，以及上级和下级对这种距离的接受度。探索权力距离对科研人员即兴和创新绩效的影响，即研发人员在工作过程中是直接遵从上级的安排还是参与上级决策，研发主管对此持何种态度等。

工作自主性的发挥。下级在工作中是否愿意且能够自行选择完成任务目标的方式方法，研发主管对下级的自主性发挥秉持何种态度。探讨研发人员发挥工作自主性对其即兴能力和创新绩效的影响。

工作目标是上下级共同设定还是上级直接设定以及目标完成是否有明确的规范、时间点以及清晰量化的衡量标准等。探讨研发人员对目标清晰程度的偏好，以及清晰目标对即兴能力和创新绩效的影响。

绩效考核是过程导向还是结果导向，以及哪种考核方式对即兴和创新绩效更有利？目前的这种考核方式可能做哪些方面的调整和改进等，并详细解释原因。

3.5.4 质性研究结果

访谈对象所属组织均具备较高的权力距离，且员工接受并认可这种较高的权力距离。权力距离是 Hofstede 文化价值观的衡量维度之一，是指一个社会对不平等的地位和权力分配的接受程度。中国传统上是一个高权力距离的国家，人们对集权领导和官僚结构的接受程度较高。也就是说，下级的行为受到上级领导的强烈约束，即使他们有权参与决策，在决策过程中也会优先考虑上级的权威，不愿越权参与。正如研发人员 1（华为）所说：

公司讲究的是员工的执行力，上下级界限明确，员工需要根据领导的指示和安排完成工作，重要的是执行力如何。大多数的同事都比较关注如何提高自己的执行力，上级凭借其权威为下级贯彻执行任务目标提供稳定有序的工作秩序。下级只需要听从领导的安排完成日常工作即可。

研发人员 2（华为）也说道：

在产品研发过程中，在大多数情况下，我们一般都是根据上级提出的需求和规范来工作的，首先要保证质量不出问题，然后可以根据自己的想法，在具体的实现手段上发挥一下自主性，有所创新，有一些员工会主动开发一点儿有用的东西。总的来说，我们更优先考虑领导的权威性、尊重领导的决定。

因此，在高权力距离价值观的影响下，研发人员更希望在自己的权限范围内获得一定的自主性，且这种自主性必须与上级提出的大方向一致。对于这些，研发人员 1 和研发人员 2 表示：

对于自主性的发挥这个问题，我觉得我更倾向于在我工作职责权限范围内发挥自主性，因为研发这种工作的性质，按部就班肯定是不足以应对项目进程中出现的问题的。比如说在项目讨论会上，我会针对目前项目中出现的问题提出自己的一些想法，提出希望自己在哪些方面可以获得相应的权限或者支持，但前提是这种想法不会跟上级提出的大方向相违背，自主性的发挥只是体现在具体的手段和方法上……

但也不是完全排斥自主性，只是自主性的发挥是控制在一定程度上的，是分具体情况的。只要在大方向上和领导保持一致就不会有太大的风险，这样我们也就能放心地提出自己的想法，自主地开发一些东西。

也就是说，员工的自主性是在限度范围内的自主。一方面，主管希望员工发挥自主性，但当员工出现超越自身权限范围的自主发挥或是员工可能由于自主发挥从而挑战上级权威时，主管对员工自主发挥的期望就会降低；另一方面，员工也充分意识到这一点，较高的权力距离使得他们倾向于与上级保持一致，对变化谨小慎微。来自华为的项目主管1说道：

我们是非常鼓励和员工们进行沟通的，我们希望听到员工一些不一样的想法，希望他们可以提出对工作上的一些建议和意见。但是我往往感到有心无力，因为员工们还是在心理上和我们有距离，总是害怕向我们请示改变行动方式，有时候我们在大大小小的项目讨论会上都想听到团队成员的建议和意见，但是这些意见和建议都和我的决策不冲突。如果我下达了什么任务指令，员工们大都表示赞同，提出的要求也都是为他们具体的实施方式提供一些帮助。如果做什么方式上的改动，一般都会先征求我的意见，但往往这些要求和我的要求是不冲突的。

从绩效考核的方式看，研究对象所属组织大多采取结果导向型的考核方式，有明确的衡量指标，员工的薪酬、晋升和职业发展等都是由绩效考核结果来决定的。研发人员真实感受到了这种结果导向的考核压力，他们只有在完成考核指标的前提下，才可能利用余力进行一点有限创新。华为的研发人员3以及速途的研发人员5这样解释：

我们公司考核结果的用途体现在四个方面：薪酬分配、职务升降、岗位调动、员工培训。绩效考核从绩效、能力、态度这三个方面进行。绩效考核方面是以对公司价值和创造的利润为指标进行测评的。总体来说这种绩效考核方式还是结果导向型的。我和我身边的同事经常会感到压力很大，时时刻刻想着任务指标，想着自己的绩效能不能达标，我的绩效对我的薪资、上级对我的看法、今后的职业发展会有怎样的影响。

具体的考核方式，一般都是工作完成的进度和速度等，属于结果导向型的。

来自合一科技的项目主管作为管理者也表达了类似的看法：

公司追求的始终是利益，要达到预期的目标，必须制定明确的绩效考核标准，员工最重要的就是要达到绩效指标，在此基础上，如果有余力也有必要充分发挥自主性，考虑改进研发过程，或者鼓励他们发明一些小专利，可以适当发挥自主性以对研发做一些改进。

更进一步，结果导向型的绩效考核由于强调预先确定的考核指标的完成状况，是一种“秋后算账”的考核方式，会增加员工之间的竞争压力，减少员工的创新行为和机会（廖建桥，2010）。另外，结果考核由于考核期限普遍偏短，大多以一年为限，即使员工实施创新行为，也是以开发利用型的创新为主，侧重对现有产品和服务的更新换代，难以尝试真正的探索式创新（March，1991）。对此研发人员 3 和研发人员 5 继续说：

在这种高压的环境下，我通常都想尽快达到任务目标，为公司带来利益，丝毫不敢有差池，更不敢有错处，都是按部就班地进行我的研发。我们公司是鼓励员工创新的，但是即使公司给予我充分的自主权，考虑到研发成果潜在的风险，我也不敢擅自做决定，因为无论自己有什么创造性的想法，公司看的是结果，看你的研发成果是否产生了效益。大多数情况下，我和我身边的同事碍于研发的不确定性、高风险性以及高压的绩效考核方式，都不会过分发挥自主性，自发的创造性在一定程度上受到了抑制。

即使公司给予我们自主权，但是如果在工作过程中出现的问题对进度和速度产生影响的话，我本身的自主性动机会降低，对自主性的期望并不高。

来自合一科技的研发人员也表示只有不受KPI考核的研发工作，才能真正发挥自主性和创造性，因为他们不愿意承担自主性过高而带来的额外职责和潜在风险：

以我健康医疗科技公司的研发为例，有20%是research，这部分是没有任何KPI的，属于前瞻技术研究。其余的50%系统应用及30%硬件开发是有明确的流程，从需求确认到开发到调测到上线，有明确时间、目标、阶段等，都有KPI。公司给予了我们一定程度的自主性，20%的research不受KPI的影响，我们可以不用顾及技术研究成果可能存在的风险，充分发挥我们的自主性和创造性进行技术研究。在系统应用及硬件开发方面，研发进程与KPI密切相连，因此在具体的研发项目进程中我并不想承担由过度的自主权而产生的额外职责和潜在的研发风险对KPI的不良影响。

研发人员的工作目标大多非常清晰，且主要是由上级制定。项目主管不仅制定目标，还会为下级制定清晰的完成目标的工作计划。但是主管也承认，过于清晰的目标和严格的过程控制会限制研发人员的自主创新。他们意识到应该赋予研发人员在边界范围内的研发主动权。速途项目主管3这样说：

在目标设定这一方面，就一些员工的反应情况来说，员工认为公司对研发的进程控制过于严格，制定的目标过于清晰，整个研发进程都严格控制，在一定程度上限制了自己的发挥，有时候想做一些程序上的改进也受到了过于明确的规范的限制，使自己的自主性和创造力发挥受到了打击。就员工方面来说，他们是希望公司制定的目标不要过于清晰，希望公司给他们更多可以施展拳脚的机会，只要产品和服务不与客户的需求相矛盾且在公司成本可控的范围内，研发过程中涉及的一些方式和方法可以有一定程度的自主创新。比如说代码的编写规范不必过于明确。

公司对研发人员任务的完成是有一定的目标及执行计划的，同时又给了研发人员充分的自由发挥的空间。因为越聪明的人，他的想法和思路越分散，他很希望自己可以充分发挥自己的才智去探索新的想法，并且他能很快把新想法付诸实践，这个时候如果我们给他过多束缚的话，他是没办法施展拳脚的。比如我们团队中的一个研发人员，他本身是非常聪明的一个人，他总是有很多想法，甚至会考虑到我们产品的代际变化，比如我们下一代的产品应该做成什么样子的，这样的人，我会在后面的应用的过程中逐渐去提升他的职能，可能会提升到产品的层面。我作为主管需要做的仅仅是给他一个大致的方向，比如说我们的产品要满足客户的一个怎样的需求，在哪些底线方面需要注意，就给他一个大致的方向就 ok 了。

上述观点也得到了研发人员的佐证，即他们希望的理想的最小结构是适度清晰的目标和边界范围内的研发自由。研发人员 6 如是说：

员工其实也是希望一方面领导能够制定清晰的目标，有目标和期限，创新更有方向感。另一方面，在具体的工作过程中，还是希望目标不要过于清晰，有一个大致的方向和目标就可以了，还是希望有一定的自由发挥空间，这个空间就是在跟目标不冲突的时候，我们会进行自己的尝试。比如软件开发这个行业，同样的一个功能实现，可以用不同的程序语言，同样的一种语言，可能优秀的程序员通过 20 行代码就可以实现，一般的程序员需要写 100 行代码，那么在这一个写代码的过程中，其实就给了我们充分自由发挥以及自己尝试的这么一个空间，这个问题本身是共同存在的，其实更直白地说，我们更希望的是既有适度清晰的目标，也可以有自由发挥的空间。

综上，基于国内科技企业小样本的质性研究发现，研发人员对工作自主性和目标清晰性的偏好确实与国外研究有所不同。无论是自主性还是目标清晰性，都存在一个“适度”问题，研究人员期望的最小结构是在一定边界范围内，过高或者过低的自主性和目标清晰性均可能损害即兴能力发挥，从而降低他们的创新绩效。可能的解释是：一是高权力距离的文化价值观。无论上级还是下级，他们均接受并认同这种权力和地位的不平等性。上级期待下级发挥自主性，但是这种自主性不应超出限度或者损害上级权威。二是结果导向的绩效考核。这种清晰设定KPI指标的考核方式为员工创新指明了方向，但是科技企业也会在绩效考核中预留出空间，以激发员工即兴和创新。

3.6 研究模型和假设的修正与验证

通过小样本质性访谈，我们发现中国背景下研发人员对最小结构的认知和偏好与国外以往研究有显著差异。他们期望的最小结构必须“适度”，过高或者过低的最小结构都会影响他们的即兴创新。因此我们断定，最小结构对我国科研人员知识交互与即兴能力间关系的影响可能是非线性的，呈现一种倒“U”形影响，如图3.2所示。因此，我们对原有的假设3-3和3-4以及研究模型进行了调整，即：

H3-3：最小结构倒“U”形调节了个体经验和科研人员即兴能力的关系。

H3-3a：自主性倒“U”形调节了个体经验和科研人员即兴能力的关系。

H3-3b：目标清晰性倒“U”形调节了个体经验和科研人员即兴能力的关系。

H3-4：最小结构倒“U”形调节了外部知识搜集和科研人员即兴能力的关系。

H3-4a：自主性倒“U”形调节了外部知识搜集和科研人员即兴能力的关系。

H3-4b：目标清晰性倒“U”形调节了外部知识搜集和科研人员即兴能力的关系。

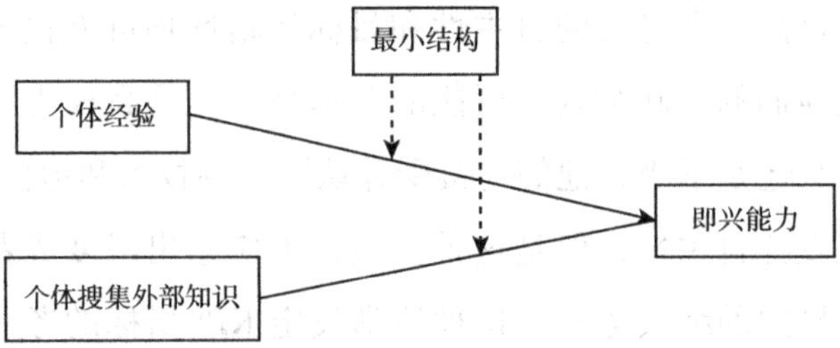

图 3.2 研究模型的修正

继续采用层级回归检验最小结构的倒“U”形调节效应。如表 3.7 所示。在 M1 的基础上加入自变量个体经验和调节变量最小结构的一次和二次交互项。M2 中一次交互项系数不显著（$\beta = -0.077$，$P > 0.1$），再次验证最小结构的线性调节作用不明显。M3 中二次项交互项系数显著且为负（$\beta = -0.019$，$P < 0.05$），说明最小结构对个体经验与即兴能力关系的调节作用呈现倒“U”形。进一步验证自主性和目标清晰性对个体经验与即兴能力间的倒“U”形调节效应。M4 中个体经验与自主性的一次交互项系数不显著（$\beta = -0.009$，$P > 0.1$），M5 中二次交互项系数显著且为负（$\beta = -0.010$，$P < 0.05$）；M6 中目标清晰性的一次交互项系数不显著（$\beta = -0.011$，$P > 0.1$），而 M7 中的二次交互项系数显著且为负（$\beta = -0.016$，$P < 0.05$），说明自主性和目标清晰性对个体经验与即兴能力关系的调节作用均呈现倒“U”形。

同理，验证最小结构对搜集外部知识与即兴能力间的倒“U”形调节效应。M9 中最小结构的一次交互项系数不显著（$\beta = -0.051$，$P > 0.1$），M10 中二次交互项系数显著且为负（$\beta = -0.014$，$P < 0.05$），说明最小结构对个体搜集外部知识与即兴能力间关系的调节作用是倒“U”形的。进一步验证自主性和目标清晰性两个维度的倒“U”形调节作用。其中 M11 的自主性的一次交互项影响不显著（$\beta = -0.077$，$P > 0.1$），M12 的二次交互项系数显著且为负（$\beta = -0.015$，$P < 0.05$）；M13 中目标清晰性的一次交互项系数不显著（$\beta = 0.009$，$P > 0.1$），M14 中二次交互项系数显著且为负（$\beta = -0.011$，$P < 0.05$），说明自主性和目标清晰性对个体搜集外部知识与即兴能力间关系的调节作用均呈现倒“U”形。

表 3.7　最小结构的倒“U”形调节作用检验

变量	即兴能力													
模型	M1	M2	M3	M4	M5	M6	M7	M8	M9	M10	M11	M12	M13	M14
性别	0.078	0.045	0.048	0.069	0.063	0.048	0.078	0.097	0.085	0.080	-0.001	-0.032	-0.025	-0.004
年龄	0.021	-0.039	-0.042	0.042	0.039	0.007	-0.001	0.135	-0.035	-0.031	0.018	0.018	0.023	0.022
企业性质	0.084	0.113	0.101	0.068	0.075	0.030	0.037	-0.107	-0.008	0.001	-0.015	-0.006	-0.060	-0.036
工作年限	-0.008	0.039	0.044	-0.023	-0.025	0.004	0.009	-0.010	0.086	0.083	0.024	0.030	0.040	0.036
IE	0.696***	0.766***	0.159	0.726***	0.975***	0.545***	-0.054							
EKG								0.435***	0.380**	0.059	0.556***	0.220***	0.202	-0.059
IE×MS		-0.077	0.152											
IE×MS^2			-0.019*											
IE×AT				-0.009	-0.123*									
IE×AT^2					-0.010*									
IE×GC						-0.011	0.191*							
IE×GC^2							-0.016*							
EKG×MS									-0.051	0.092				
EKG×MS^2										-0.014*				
EKG×AT											-0.077	0.082		
EKG×AT^2												-0.015*		
EKG×GC													0.009	0.122
EKG×GC^2														-0.011*
R	0.751	0.800	0.805	0.786	0.792	0.851	0.855	0.523	0.782	0.789	0.695	0.707	0.747	0.753
R^2	0.564	0.640	0.647	0.618	0.627	0.723	0.731	0.274	0.611	0.622	0.483	0.500	0.558	0.567
调整后的R^2	0.554	0.628	0.634	0.605	0.623	0.714	0.729	0.256	0.598	0.608	0.466	0.480	0.543	0.550
F值	53.585***	52.159***	46.835***	47.362***	42.901***	76.612***	69.225***	15.586***	52.159***	42.023***	27.407***	25.463***	36.983***	33.346***

注：表中回归系数均为标准化回归系数，* 表示 $P<0.05$；** 表示 $P<0.01$；*** 表示 $P<0.001$。
IE－个体经验；MS－最小结构；AT－自主性；GC－目标清晰。

3.7 结　　论

本研究运用微观基础理论，结合个体、交互过程和结构三个微观要素探讨科研人员即兴能力的形成，主要结论如下：

第一，科研人员的个体经验和对外部知识的搜集均能促进他们的即兴能力发挥。个体积累的经验越多，即兴能力就越高（$\beta=0.649$，$P<0.001$）；对外部知识的搜集行为越频繁，即兴能力也越高（$\beta=0.462$，$P<0.001$）。这与以往研究完全一致。该结论也进一步证实了经验和创新是即兴能力形成的两种主要途径（Levinthal & Rerup，2006）。

第二，最小结构倒“U”形调节了科研人员知识交互与即兴能力发挥间的关系。也就是说，存在一个最小结构的临界点，低于临界点的最小结构正向调节了个体经验和即兴能力的关系，而高于临界点的最小结构则负向调节了上述关系（$\beta=-0.019$，$P<0.05$）；最小结构对搜集外部知识和即兴能力的关系的调节作用亦是如此（$\beta=-0.014$，$P<0.05$）。只有处于临界点的“适度”的最小结构情境下，科研人员的知识交互才能带来最大程度的即兴发挥。本研究沿用 Vera 等（2014）对最小结构的衡量，将其分为自主性和目标清晰性两个维度，进一步验证了二者的调节作用。结果发现自主性和目标清晰性均倒“U”形调节了科研人员个体经验与即兴能力发挥间的关系（$\beta=-0.010$，$P<0.05$；$\beta=-0.016$，$P<0.05$）；同样，自主性和目标清晰性也倒“U”形调节了科研人员搜集外部知识与即兴能力发挥间的关系（$\beta=-0.015$，$P<0.05$；$\beta=-0.011$，$P<0.05$）。这一结论挑战了以往研究成果。本研究通过质性研究从权力距离和绩效考评导向两个方面进行了解释。由于中国社会普遍存在的高权力距离文化，即便在科技企业也不例外。科研人员普遍接受并认可上级的地位和权威，不大可能越权发挥。

另外，结果导向型的考评方式为员工创新指明了方向，但是企业也会给员工即兴和创新预留空间。因此，研发人员期待的最小结构是处于“适度”水平的，即边界范围内的自主性和目标设定，且就这种“适度”与上级形成某种默契。

第 4 章

科研人员即兴能力对创新绩效的作用机制

本部分探究科研人员即兴能力对创新绩效的作用机制，验证了知识转移在科研人员即兴与其创新绩效间的传递效应以及最小结构在其中发挥的调节作用。结果显示，与科研人员即兴对其创新绩效的直接影响相比，知识转移的间接影响也相差无几，这一结论无疑强化了知识转移在即兴和创新过程中所发挥的重要作用；最小结构的倒“U”形调节再次成立，再度验证了中国背景下“适度”文化的适用性，无论是科研人员还是管理者，都偏好边界范围内的工作自主性和清晰目标的指引。这对科技企业对于研发人员的激励具有重要意义。

4.1 理论背景与研究假设

4.1.1 即兴与创新

关于即兴对创新的影响，主要包含两类观点：一是即兴对创新的积极作用。如 Magni 等（2009）认为，即兴能够帮助组织响应激烈的环境变化，进而提升创新水平。尤其是在动态环境中，对已有惯例的过度依赖可能会限制组织对新的认知途径的探索，从而降低面对环境变化做出快速反应的能力。即兴可以促进新思想、新技术、专利或新理念的产生，促进创新绩效的提升（何存玉、李玉琼，2015）；Samra 等（2008）指出，即兴可能会加速新产品的开发及市场价值的实现，新产品上市速度越快，竞争优势就越强，而技术的不断迭代会缩短新产品的上市时间；Akgün 和 Lynn（2002）也通过实证研究验证了在市场和技术动荡的情况下，即兴可以缩短新产品的上市时间并提高创新能力，这是因为市场和技术的动荡变化要求即兴灵活的新产品开发流程，这时严格又明确的计划就显得不合时宜。这一点也得到国内学者的验证（吴东、裘颖，2010；门一等，2015）。二是即兴既可能带来创新，也可能导致混乱。学者们认为情绪管理是即兴创作的一个重要元素，大量即兴会使组织成员承受较大压力，增加他们的焦虑感与心理倦怠。如果这种焦虑得不到解决，它可能会对即兴的意愿和有效性构成威胁。如果组织将即兴作为应对突发事件的常规手段，反而会导致创新失败和管理恶化（Vera & Crossan，2005；Hatch，1998）。国内学者的研究均体现了即兴对创新的积极影响。如李海东（2013）提出，即兴是具有探索性特质的一种能力，它有助于打破固定思维模式与惯例，能够突破组织固有的工作和行为模式，进而对个体创新产生潜移默化的积极影响。徐光等（2015）指出，科研人员在面临意料之外、具有时间压力且能引起成员关注的重要事件时，就容易诱发创新行为。可见，即兴能力能够促进个体创新。由于研发人员个体创新行为和创新能力的衡量通常采用创新绩效这一概念，它涵盖了研发人员的新产品或技术成果以及在实现创新目标过程中的所有影响因素。本研究提出如下假设：

H4-1：科研人员即兴能力正向影响个体创新绩效。

4.1.2　知识转移的中介

Teece 于 1977 年首次提出知识转移的概念。目前知识转移的研究大致分为个体之间、组织内部以及组织之间三个层次（Kumar & Ganesh，2011；Davenport & Prusak，1998）。其中个体间知识转移是组织内和组织间知识转移的基础单元，任何知识转移都不能脱离个体间的知识转移而独立存在（Argote，2000）。对知识转移的研究大多从社会网络视角出发，这是因为组织成员的社会网络被看成是知识分享的社会交际活动（Argote，2000；李春浩、牛雄鹰，2020）。但是，知识转移还可能来自人员的即兴行为（Vera et al.，2014），因为个体间的知识转移就是个体根据不同的应用场景对知识做出灵活调整并传递给其他成员的过程，其优势就在于互动性和个体学习的灵活性（Singley & Erson，1989）。

学者们研究了研发人员和普通员工的即兴和知识转移，得到的结论大致相同。如 Orlikowski（1996）发现，为了匹配新的技术平台，软件公司的科研人员必须不断创新，要对意外的失败和事件做出各种即兴反应，并在此过程中传递知识和经验。另外，科研人员变得乐于探索，喜欢从新技术中学习，从而生产一种对于持续即兴创作而言的良好环境。Gherardi 和 Nicolini（2000）发现，水泥工人的即兴行为有助于增加安全知识和技能的学习和传授。他们发现在安全员现场对工艺标准提出质疑后，工头就会开始学习如何为安全员的现场勘察提前“做准备”——他们即兴识别出安全员在勘察过程中可能注意到的一些东西，然后按照安全守则和惯例进行修正。这种即兴行为在潜移默化中提升了工人对安全知识的学习和转移。Heeks（2002）认为，跨国公司很难将发达国家已经应用的信息系统转移到发展中国家，因为系统设计和实际使用之间存在巨大差距，而缩小差距只能通过两种方式：一是改变现状以使其更接近系统设计，即现实即兴行为；二是改变系统设计，使其接近用户实际，即设计即兴行为。因此，即兴是弥合这一差距的重要途径。Biddle（2004）研究了一家消防学校的普通受训者，这些新手面对风险和不可预测的环境往往束手无策，这就要求他们在学习基础知识的同时学会即兴发挥，通过个体间相互影响转移消防知识。Vera 等（2014）以 100 个计算机领域的研发团队为样本，指出研发人员在即兴行为中以新颖的方式重组、传递现有知识，能够产生新的、更先进的知识或创新（Paruchuri & Eisenman，2012）。学者们提出可以通过个性化和编纂策略提高对知识的存储和使用，个性化策略主要针对成员间隐性知识的交流，通过非正式对话、虚拟会议或辅导等方式进行。它是通过线上或线下沟通实现主体间的信息共享、理解和解释，这为即兴发挥提供了知识基础。国内学者何辉和闫柳媚（2019）通过对45个研发团队的调查，证实了即兴有利于知识转移，那些有更好即兴行为的研发人员通常也能更好地将知识和惯例传递给新人（Vera et al.，2014）。其原因在于，当研发人员面对非预期的外部环境条件时，即兴能使其自发地协同其他成员，从可用而非最优资源中寻求创造性的解决方案，这种协同过程就是研发成员间自发的知识转移和共享（何辉、闫柳媚，2019）。

知识转移也是学习和创新的前提和基础。高效的知识转移能够防止核心知识外溢给竞争对手，也是企业竞争优势的来源之一（周密，2007）。知识转移的目的是吸收和有效利用新知识，因此转移过程中转移双方都必须理解知识并达成共识（赵曙明、沈群红，2000；王永贵等，2015）。在知识转移中，知识传授方要有动机、有机会和有能力贡献知识，知识接受方也要有动机、有机会和有能力接受知识并形成自己的能力（王永贵等，2015）。组织创新活动也离不开成员间有效的知识转移。Moorman和Miner（1998a）发现，即兴能力与新产品开发的关系要受到环境动态性和实时信息传递的显著影响。有学者甚至认为创新就是企业从内部或外部获取市场知识和技术知识，并将这些知识与已有资源进行整合，从而为市场创造出有价值的产品（Morgan et al.，2011）。Cavusgil等（2003）认为，创新依赖于内部知识共享，那些能迅速转移且有效利用知识的企业能够更快更成功地创新。综上，本研究提出如下假设：

H4-2：知识转移在科研人员即兴能力和个体创新绩效之间起中介作用。

4.1.3 最小结构的调节

如前所述，科研人员的即兴能力对个体创新绩效的影响比较复杂。那些认为即兴能力既可能带来创新绩效，也可能导致混乱的学者普遍承认情境在其中发挥的重要作用。Vera 和 Crossan（2004）更是直接指出，如果把即兴能力看成解决所有问题的方案，管理者可能低估了创造一个支持即兴的情境的必要性。这就把最小结构引入我们的研究视野。

最小结构来源于爵士即兴，与其他音乐形式不同，爵士演奏没有曲目和指挥，表演者在极少的音乐模式和现场规则的约束下随心所欲，因此爵士乐表现为复杂的节奏和多变的和旋。爵士即兴是用“最少的束缚带来最大的灵活性”，是自由与控制的结合（Davis et al.，2009）。其中自由可以释放演奏者的自发性和创造力，控制用来约束自由以避免爵士演奏的混乱。此后，学者们对最小结构进行了更深入的研究。Sundstrom 等（1990）指出当团队成员采取自主创新行为时，最小结构能使大家快速达成共识后采取行动指向同一目标，确保团队成员的行为规范既不过于清晰，也不过于模糊。Cunha 等（2003）将最小结构看作是一种协调机制，在这种机制之下实现了结构和自由的微妙平衡，既能够使人们围绕共同的既定的目标去行动，又没有限制实现目标的具体行动。Kamoche 和 Cunha（2001）认为，即兴中的最小结构包括社会结构和技术结构两部分。社会结构是指伙伴关系，技术结构指的是个人能力。他们把最小结构用于新产品开发，发现只有最小结构才能兼顾规则和灵活性，为即兴和创新提供支持性的组织环境。高鹏斌（2013）认为，最小结构既促进集聚又促进发散，既关注中心又开放周边。这是因为最小结构使团队有清晰方向的同时也会给团队成员充分的自由去探索和创新。

对最小结构的具体衡量，学者们也是从自由和控制两个维度进行。如 Kamoche 和 Cunha（2011）认为，最小结构就是管理者希望对创新过程保持多大程度的控制，允许成员有多大的自主权，以及他们在哪个阶段发挥主动性。Vera 和 Nemanich（2014）认为，最小结构为即兴能力和创新绩效创造了前提条件，并直接把最小结构界定为自主性（自由）和目标清晰性（控制）二者的结合。其中自主性是指操作自主性，它使研发人员在无须获得管理层同意的前提下进行尝试，目标清晰性为研发人员提供优先顺序、目标和试错的指导（Vera et al.，2014）。在高自主性和低目标清晰度的情境下，研发人员的高度即兴行为可能会导致创新绩效的混乱与分散；而在高目标清晰度和低自主性的情境下，上述行为可能带来创新停滞。只有高自主性和高目标清晰度才能为研发人员提供“权限”（自由）和“指导”（控制），使他们能够进行有效的即兴发挥，从而带来有价值的创新绩效。因此，我们提出如下假设：

H4－3：最小结构正向调节了科研人员即兴能力与个体创新绩效之间的关系。

H4－3a：自主性正向调节了科研人员即兴能力与个体创新绩效之间的关系。

H4－3b：目标清晰性正向调节了科研人员即兴能力与个体创新绩效之间的关系。

如前所述，知识转移传递了即兴对个体创新绩效的积极影响，最小结构正向调节了即兴和创新绩效间的关系。由于最小结构是自主性和目标清晰性的结合（王永贵等，2015），在高自主性和低目标清晰度的情境下，高度即兴可能会导致被转移的知识过多且过于杂乱、无法聚焦，这会导致创新混乱；在高目标清晰度和低自主性的情境下，即兴发挥会减少，个体间的知识传递也会因此减量，创新处于停滞状态；只有高自主性和高目标清晰度的最小结构，才能让研发人员有效即兴，并对被转移的知识达成高度理解与共识，从而促进创新，产生创新绩效。由此，我们提出如下假设：

H4－4：最小结构正向调节了知识转移在科研人员即兴能力和个体创新绩效间的中介作用。

H4－4a：自主性正向调节了知识转移在科研人员即兴能力和个体创新绩效间的中介作用。

H4－4b：目标清晰性正向调节了知识转移在科研人员即兴能力和个体创新绩效间的中介作用。

4.2 研究设计与问卷的预分析

本部分是第3章内容的延续，针对的是同一群被试，即北京、上海、河北等地科技公司的研发人员。第3章内容研究科研人员即兴能力的形成，本部分则继续探究科研人员即兴能力对其个体创新绩效的影响机制。因此本部分内容和第3章共享同一个研究过程，样本信息也完全一致。

4.2.1 各变量的测量

本研究变量测量均使用国内外已有量表，要求被试根据自身实际工作情况填写。量表采用Likert7点法，1代表“完全不同意”，7代表“完全同意”。

（1）即兴能力和最小结构。

即兴能力和最小结构的测量见前文3.2.1节，其中即兴采用9个题项，最小结构采用6个题项。

（2）创新绩效。

Ross（1998）和Li、Zhang（2021）曾对自评展开元分析研究，均发现当自评量表的描述语更具体、更具功能性时，自评结果的准确性就更高，且自评往往拥有较为宽广的探索空间。本研究选取Bell（2005）、Ritter和Gemünden（2004）开发的量表共有5个题项，从新产品、新技术的推出和应用等方面对创新绩效进行了具体描述。如“与同行相比，我们的产品改进与创新有非常好的市场反应”“与同行相比，我们的产品包含一流的先进技术与工艺”等，被试能够通过与同行平均水平的对比做出较为准确的创新绩效评价。另外，本研究中的样本来自于北京、上海、广州等地的近百家科技公司，这些公司广泛分布于医药、航空航天、软件和信息技术、电子商务等高技术制造业和服务业，因此在衡量创新绩效时难以统一采用结果型指标，只能选取偏重描述的结果与过程相结合的指标。

（3）知识转移。

知识转移是指知识在不同组织或个体之间进行的互动传播和双边交换（Bloodgood & Salisbury，2001），知识转移的发送方和接收方可以通过不断的互动沟通使接收者实现对知识的理解，在此过程中，知识可以不断地进行重构（Inkpen & Tsang，2005）。目前的研究对知识转移测量主要包括三种：一是测量所转移知识的接收、内化的情况；二是测量知识转移带来的个人表现或组织绩效的变化；三是将前两者结合起来对知识转移进行测量（居佳，2020）。本研究中知识转移的测量参考 Bresman（2010）的问卷，共4个题项，如“我从团队其他成员那里获得了很多重要的信息或知识”等。

4.2.2 问卷的预调研和修正

问卷的预调研和修正与第3章完全相同。我们继续使用预调研小样本数据对即兴能力、最小结构、知识转移和创新绩效量表进行初步检验。信度分析用于测量样本的稳定性，分析结果表明，量表中所有题项的克朗巴哈系数均在0.7以上，代表问卷内部一致性程度较好、稳定性强，因此所有题项都可以保留。信度检验通过后进行效度检验。通过探索性因子分析表明，最大方差旋转共析出7个共同因子（即兴3个，最小结构2个，知识转移和创新绩效各1个），且累计方差解释率高于70%，说明本研究采用的量表对测量构念具有很高的解释度。以上结果说明本研究的量表设定是合理的。

4.2.3 信度和效度的检验

（1）信度检验。

信度分析是对测量量表的稳定性进行评价，来判断量表中所测量的题项是否为同一概念，本研究中的信度检验是用克朗巴哈系数来表示，当克朗巴哈系数大于0.7时表示量表的稳定性较好，如表4.1所示，即兴能力、知识转移、创新绩效、最小结构分别为0.871、0.898、0.891和0.858，说明量表的信度较高。

表4.1　　　　信度分析

<table>
<tr><th colspan="2">变量</th><th>项已删除的刻度均值</th><th>项已删除的刻度方差</th><th>CITC</th><th colspan="2">Cronbach's a</th></tr>
<tr><td colspan="2">即兴能力</td><td>23.744</td><td>25.079</td><td>0.839</td><td colspan="2">0.871</td></tr>
<tr><td colspan="2">知识转移</td><td>23.556</td><td>25.991</td><td>0.631</td><td colspan="2">0.898</td></tr>
<tr><td colspan="2">创新绩效</td><td>23.894</td><td>25.134</td><td>0.685</td><td colspan="2">0.891</td></tr>
<tr><td rowspan="2">最小结构</td><td>目标清晰性</td><td>23.614</td><td>23.642</td><td>0.772</td><td>0.877</td><td rowspan="2">0.858</td></tr>
<tr><td>自主性</td><td>24.642</td><td>24.659</td><td>0.608</td><td>0.906</td></tr>
</table>

（2）效度检验。

本研究中采用Amos26.0进行数据的结构效度分析，对个体经验、个体搜集外部知识、即兴能力、最小结构进行结构效度检验（如表4.2），分别比较单因子模型（即兴能力+知识转移+创新绩效+最小结构）、双因子模型（即兴能力+知识转移+创新绩效、最小结构）、三因子模型（即兴能力+知识转移、创新绩效、最小结构）、四因子模型（即兴能力、知识转移、创新绩效、最小结构）。四因子模型的拟合度相对较好，结果如表4.2所示。χ^2/df（1<NC<3）、RMESA（<0.06）、CFI（>0.90）、NFI（>0.80）、TLI（>0.90）适配度指标值都达到可接受的标准，表明四因子模型良好，具有较好的结构效度。

表4.2　　　　验证性因素分析结果

模型	χ^2	df	χ^2/df	RMSEA	CFI	NFI	TLI
单因子模型	1417.211	275	5.153	0.140	0.689	0.643	0.660
双因子模型	1351.592	274	4.933	0.136	0.706	0.659	0.678
三因子模型	1075.432	272	3.954	0.118	0.844	0.729	0.758
四因子模型	418.198	265	1.578	0.052	0.953	0.895	0.958

4.2.4 相关性检验

变量的均值、标准差和相关系数如表 4.3 所示。从表中可以看出所有变量之间相关性都小于 0.600，由此证明本研究中变量之间存在相关性但不存在共线性问题。

表 4.3 相关性分析

变量	M	SD	1	2	3	4	5
即兴能力	4.972	1.037	1				
知识转移	5.160	1.168	0.569 **	1			
创新绩效	4.821	1.206	0.562 **	0.582 **	1		
自主性	4.074	1.376	0.475 **	0.331 **	0.441 **	1	
目标清晰性	5.023	1.212	0.594 **	0.514 **	0.540 **	0.386 **	1

注：** 表示在 0.01 水平（双侧）上显著相关。

4.3 数据分析

如表 4.4 所示，M1 将性别、年龄、教育、工作年限作为控制变量，研究各控制变量对创新绩效的回归。在此基础上 M2 做个体即兴能力对创新绩效的回归，结果表明，在控制变量的基础上，加入个体即兴能力后，个体即兴能力对创新绩效具有显著的正向影响（$\beta = 0.747$，$P < 0.001$），假设 4-1 得到支持。

M3 的结果显示即兴能力对个体的知识转移有正向影响（$\beta = 0.885$，$P < 0.001$）；M4 纳入了知识转移，结果表明知识转移对创新绩效有正向影响（$\beta = 0.412$，$P < 0.001$），且即兴能力对创新绩效的影响依旧显著（$\beta = 0.382$，$P < 0.001$）。由于直接效应和间接效应都为正向，表明知识转

移在个体即兴能力和创新绩效的关系中起部分中介作用。为进一步检验中介作用，本研究运用Bootstrap方法重复抽取5000次，结果显示知识转移在个体即兴能力与创新绩效的间接效应值为0.365，95%置信区间为[0.157，0.588]，不包含0，中介效应占总效应的比例为48.86%，因此假设4-2成立。

M5在控制变量的基础上加入个体即兴能力与假设调节变量最小结构，M6在此基础上纳入个体即兴能力与最小结构的交互项，结果显示该回归系数不显著（$\beta=-0.063$，$P>0.1$），即最小结构对个体即兴能力与创新绩效间关系的调节作用不显著，假设4-3不成立。进一步验证最小结构的两个维度自主性和目标清晰性的调节效应。结果显示交互项的回归系数均不显著（$\beta=-0.033$，$P>0.1$；$\beta=-0.065$，$P>0.05$），即自主性和目标清晰性对个体即兴能力与创新绩效间关系的调节作用不显著，则假设4-3a和4-3b均不成立。

由于最小结构的调节效应不显著，则最小结构的调节中介效应亦不显著，假设4-4不成立。

4.4 研究模型与研究假设的修正与验证

前文中的大样本量化研究没能验证最小结构的线性调节作用以及线性调节中介作用。基于第3章的小样本访谈，我们发现中国背景下研发人员对最小结构的认知和偏好与国外以往研究有显著差异。他们普遍欢迎“适度”的最小结构，过高或者过低的最小结构都不利于他们的即兴和创新。因此，与最小结构倒“U”形调节知识交互与科研人员即兴能力类似，最小结构对科研人员即兴能力与创新绩效间关系的影响也可能呈现一种倒“U”形关系，如图4.1所示。因此，我们对原有的假设4-3和4-4以及研究模型进行了调整，即：

表 4.4　　回归分析检验

变量	中介效应				调节效应					
模型	M1	M2	M3	M4	M5	M6	M7	M8	M9	M10
性别	0.167	0.128	−0.027	0.139	0.139	0.136	0.141	0.140	0.118	0.117
年龄	0.073	0.047	0.108*	0.003	0.003	−0.003	0.030	0.025	0.018	0.015
教育	−0.005	0.054	−0.064	0.081	0.081	0.090	0.075	0.079	0.051	0.066
工作年限	0.141	0.101	−0.104**	0.144*	0.144	0.144	0.119	0.122	0.127	0.123
即兴能力		0.747***	0.885***	0.382***	0.485***	0.731***	0.664***	0.773***	0.534***	0.837***
知识转移				0.412***						
最小结构					0.309***	0.613**				
自主性							0.110*	0.282		
目标清晰性									0.227**	0.512**
即兴能力×最小结构						−0.063				
即兴能力×自主性								−0.033		
即兴能力×目标清晰性										−0.065
R	0.234	0.685	0.876	0.707	0.707	0.711	0.693	0.694	0.702	0.707
R^2	0.055	0.470	0.768	0.500	0.500	0.506	0.480	0.482	0.493	0.501
调整后的 R^2	0.037	0.457	0.762	0.486	0.486	0.489	0.465	0.464	0.479	0.483
F 值	3.009*	36.671***	136.750***	34.368***	34.368***	29.965***	31.691***	27.218***	33.437***	29.348***

注：表中回归系数均为标准化回归系数，*表示 $P<0.05$；**表示 $P<0.01$；***表示 $P<0.001$。

H4－3：最小结构倒“U”形调节了科研人员即兴能力与个体创新绩效之间的关系。

H4－3a：自主性倒“U”形调节了科研人员即兴能力与个体创新绩效之间的关系。

H4－3b：目标清晰性倒“U”形调节了科研人员即兴能力与个体创新绩效之间的关系。

H4－4：最小结构倒“U”形调节了知识转移在科研人员即兴能力和个体创新绩效间的中介作用。

H4－4a：自主性倒“U”形调节了知识转移在科研人员即兴能力和个体创新绩效间关系的中介作用。

H4－4b：目标清晰性倒“U”形调节了知识转移在科研人员即兴能力和个体创新绩效间关系的中介作用。

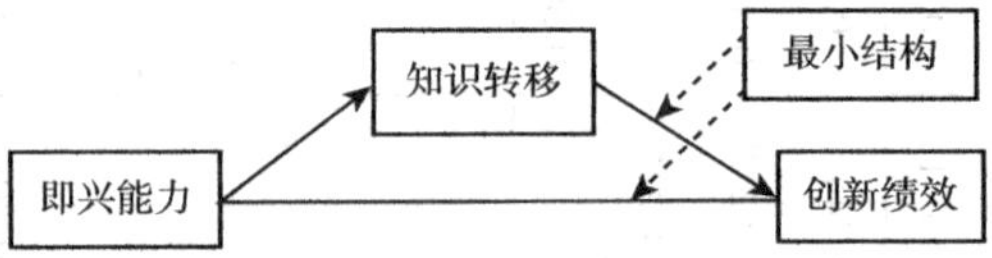

图 4.1　研究模型的修正

采用层级回归对调节效应进行检验，如表 4.5 所示。在 M1 的基础上加入调节变量最小结构，以及自变量与调节变量的一次项交互项和二次项交互项。M2 中最小结构的影响显著（$\beta=0.309$，$P<0.001$），M3 中最小结构的一次交互项影响系数不显著（$\beta=-0.063$，$P>0.1$），说明最小结构的线性调节作用不明显。M4 中二次项交叉项系数显著且为负（$\beta=-0.025$，$P<0.05$），说明最小结构对即兴能力与创新绩效关系的调节作用是倒“U”形的。

进一步检验最小结构的两个子维度自主性和目标清晰性的倒“U”形调节效应。M5 中最小结构的影响系数显著（$\beta=0.110$，$P<0.01$），M6 中自主性的一次交互项影响系数不显著（$\beta=-0.033$，$P>0.1$），说明自主性的线性调节作用不明显。M7 中二次项交叉项系数显著且为负（β = -0.011，P<0.05），说明自主性对即兴能力与创新绩效关系的调节作用是倒“U”形的。

同理验证目标清晰性。M9 中目标清晰性的一次交互项影响系数不显著（β = -0.065，P<0.1），M10 中二次项交叉项系数显著且为负（β = -0.021，P<0.05），说明目标清晰性对即兴能力与创新绩效关系的调节作用是倒“U”形的。

若要证明知识转移在即兴能力和创新绩效关系中的中介作用受到调节变量最小结构的倒“U”形调节，只需证明调节变量对知识转移和创新绩效的关系也有倒“U”形调节效应。本研究采用层级回归对调节中介效应进行检验，在 M1 的基础上加入调节变量最小结构，以及自变量知识转移与最小结构的一次项交互项和二次项交互项。M2 中最小结构的系数显著（β = -0.847，P<0.001），M3 中最小结构的一次交互项影响系数不显著（β = -0.059，P>0.1），但 M4 中二次项交叉项系数显著且为负（β = -0.047，P<0.05），说明最小结构对知识转移与创新绩效关系的调节作用是倒“U”形的，这说明知识转移在即兴能力和创新绩效关系中的中介作用受到最小结构的倒“U”形调节。

同理，进一步验证最小结构的两个子维度。M5 中自主性的影响系数显著（β =0.320，P<0.001），M6 中自主性的一次交互项影响系数不显著（β = -0.005，P>0.1），但二次项交叉项系数显著且为负（β = -0.016，P<0.05），说明调节自主性对知识转移与创新绩效关系的调节作用是倒“U”形的，因此，自主性倒“U”形调节了知识转移的中介作用。

同样，M9 中目标清晰性的一次交互项影响系数不显著（β = -0.025，P<0.1），但二次项交叉项系数显著且为负（β = -0.027，P<0.05），说明目标清晰性对知识转移与创新绩效关系的调节作用是倒“U”形的，因此，目标清晰性也倒“U”形调节了知识转移在即兴能力和创新绩效关系中的中介作用。

表 4.5 最小结构的倒 "U" 形作用调节

变量	创新绩效									
模型	M1	M2	M3	M4	M5	M6	M7	M8	M9	M10
性别	-0.027	-0.176	-0.175	0.143	0.185	0.185	0.169	0.173	0.179	0.186
年龄	0.108 *	0.058	0.053	-0.006	0.053	0.053	0.054	0.039	0.036	0.029
教育	-0.064	-0.078	-0.079	-0.006	0.076	0.077	0.084	0.025	0.036	0.059
工作年限	-0.104 **	-0.011	-0.011	0.122 *	0.131	0.130	0.134 *	0.147 *	0.146 *	0.152 *
知识转移	0.885 ***	1.617 ***	1.849 ***	0.742	0.439 ***	0.456 **	0.034	0.306 ***	0.420 *	-0.558
最小结构		-0.847 **	-0.578	-1.076 *						
自主性					0.320 ***	0.343	0.125			
目标清晰性								0.404 ***	0.519 **	0.172
知识转移 × 最小结构			-0.059	0.449						
知识转移 × 最小结构^2				-0.047 *						
知识转移 × 自主性						-0.005	0.170			
知识转移 × 自主性^2							-0.016 *			
知识转移 × 目标清晰性									-0.025	0.311 *
知识转移 × 目标清晰性^2										-0.027 *
R	0.876	0.676	0.681	0.738	0.679	0.679	0.687	0.680	0.681	0.691
R^2	0.768	0.457	0.463	0.545	0.461	0.461	0.472	0.462	0.463	0.478
调节后的 R^2	0.762	0.442	0.445	0.526	0.445	0.443	0.451	0.447	0.445	0.451
F 值	136.750 ***	28.935 ***	25.293 ***	28.580 ***	29.387 ***	25.070 ***	22.774 ***	29.511 ***	25.292 ***	23.314 ***

注：表中回归系数均为标准化回归系数，* 表示 $P<0.05$；** 表示 $P<0.01$；*** 表示 $P<0.001$。

4.5 结论

本部分以科研人员为对象，探讨即兴能力发挥对于创新绩效的作用机制，以及知识转移的中介作用和最小结构的调节作用，主要结论如下：

第一，科研人员即兴能力发挥能够促进其创新绩效提升。随着科研人员即兴能力的不断增加，他们的创新绩效也会随之显著提升（$\beta=0.747$，$P<0.001$）。这与国内外学者的研究结论完全一致。

第二，知识转移中介了科研人员即兴对创新绩效的积极影响（$\beta=0.885$，$P<0.001$）。实证分析显示，即兴对科研人员创新绩效的积极预测作用一部分通过知识转移进行传递，还有一部分则表现为直接效应。其中知识转移的间接效应值为0.365，即兴对创新绩效的直接效应值为0.382，间接效应占总效应的比例为48.86%，这意味着科研人员即兴对创新绩效的直接影响与知识转移的间接影响几乎相当。科研人员既能够通过即兴发挥直接提升创新，也能通过即兴促进知识转移，进而提升创新绩效。

第三，最小结构倒“U”形调节了科研人员即兴对创新绩效的作用机制。这一结论包含两层含义：一是最小结构倒“U”形调节了科研人员即兴与创新绩效间的关系（$\beta=-0.025$，$P<0.05$）。进一步研究表明，自主性与目标清晰性也分别倒“U”形调节了科研人员即兴对创新绩效的积极影响（$\beta=-0.011$，$P<0.05$；$\beta=-0.021$，$P<0.05$）；二是最小结构倒“U”形调节了知识转移在科研人员即兴和创新绩效间的中介作用（$\beta=-0.047$，$P<0.05$）。同理，自主性与目标清晰性也分别倒“U”形调节了知识转移的中介效应（$\beta=-0.016$，$P<0.05$；$\beta=-0.027$，$P<0.05$），这是有调节的中介。也就是说，存在一个最小结构的临界点，低于临界点的最小结构正向调节了科研人员即兴对创新绩效的促进作用，而高于临界点的最小结构则负向调节了二者的关系。只有“适度”的最小结构

才能最大限度地促进科研人员即兴能力发挥，进而带来最高水平的创新绩效。更进一步，在“适度”的最小结构条件下，科研人员即兴能带来成员间更多的知识转移，从而更有利于个体的知识积累，最终提升他们的创新绩效。本研究中倒“U”形调节的结论不同于以往西方背景的研究成果，通过小样本质性访谈，我们认为这种非线性的结论可能源于高权力距离文化和以 KPI 为主体的绩效管理方式，这对组织管理实践活动有相当大的启示和借鉴。

第 5 章

即兴能力开发与个体创新能力提升研究

本部分继续验证科研人员即兴能力开发对创新绩效的提升机制。与第 4 章不同的是，本部分拟采用实验法，设计两种即兴能力开发方法，以验证即兴能力是否能够通过学习培训得以提升；在此基础上，继续验证即兴能力开发对个体创新的提升机制。由于操控性实验需要被试较长时间的密切配合，因此在在职员工中难以开展。因此，本部分的研究是在在读研究生中进行。值得注意的是，本研究没有选择 MBA 学员而是选择学术型研究生（包括硕士和博士），主要考虑到 MBA 学员虽然具备实践工作经历，但是他们更多表现在管理能力或管理潜质方面，与我们的研究对象科研人员确有差异。学术型研究生作为国家科技人才的重要储备来源，其培养目标从一开始就立足高层次创新人才（田方林、张世友，2011）。这就要求高校和导师既要保证研究生拥有扎实的理论基础，还要在科学研究工作中激发培育他们的创新能力。而且，学术型研究生普遍深度参与导师的项目或课题，他们同样也会面临各种预想不到的突发问题和情境，同样需要有效即兴和有价值的创新能力。

5.1 理论文献与研究假设

5.1.1 研究生创新能力

第4章中对科研人员创新绩效的衡量，是从新产品、新技术的推出和应用等方面进行的，在读研究生由于缺乏完整的工作和实践经历，明显不适合上述指标。因此，我们采用创新能力替代创新绩效，以探究即兴能力开发对在读研究生创新能力提升的作用机制。

大学生作为国家人才的后备梯队，其创新能力的高低直接决定着国家未来发展的潜力和高度（郝彤亮等，2020；陈进华、张晨，2019）。而研究生是大学教育中的最高层次，研究生的创新能力能够更大程度地影响国家竞争力与创新力支柱的战略高度（李锋亮、王瑜琪，2021）。2021年10月，国务院印发的《关于进一步支持大学生创新创业的指导意见》中指出，大学生是大众创业、万众创新的生力军，支持大学生提升创新能力具有重要意义。无论是“中国制造2025”还是“一带一路”倡议，都需要大量的创新型和实干型人才。国内学者余伟（2004）认为创新能力是指个体或群体在前人经验及研究的基础上，通过自身的不断探索而取得新的成果。大学生的创新能力是其通过努力可获得的创新性成果，主要表现在创新性思维（Mednick，1962）以及创新产品载体（Besemer & O'Quin，1987）等方面。其中创新性思维是指基于人类已有科学知识，继往开来、推陈出新，从而开创出新的研究方向和领域的思维活动（孟军等，2021；潘宇鹏、宋雅莼，1985）。国外学者Torrance（1972）和Fink等（2007）提出，创新思维是以感觉、知觉、记忆、思维、联想、综合形成创新的一种思维能力，它是创新能力产生的前提。而创新能力是创新思维的有效估计，具有创新能力的想法或产品不能缺少创新思维的参与。国内学者李鸽（2020）认为，创新思维被包括在创新能力之中，其过程反映了创新能力的认知心理活动，是创新能力最本质和核心的部分。一般而言，创新性思维分为聚合性思维和发散性思维两种。聚合性思维是指利用手边可用的信息获取有效的解决方法，其关键点顿悟（insight）正是创新能力的核心因素（Taylor & Brown，1988）；发散性思维指的是从不同角度切入利用不同方法解决问题的思维方式（Guilford，1967）。

对创新性思维的衡量主要围绕以下两个特性展开：新颖性和有用性（Burroughs et al.，2008；Goldenberg et al.，1999；Mehta et al.，2012）。其中新颖性是指解决方案的原创性（Dahl et al.，1999），这和发散性思维密切相关，因为发散性思维代表多种解决方案的提出；有用性则表明了该观点或想法在解决关键问题上的可操作性（Dahl & Moreau，2002），这与聚合性思维相关，因为聚合性思维往往意味着能够选出最有效的方案。新颖性和有用性这两个维度均是从创新结果角度进行的评价，对衡量创新能力都是至关重要的。

5.1.2 研究模型与假设

本研究的理论模型如图5.1所示：

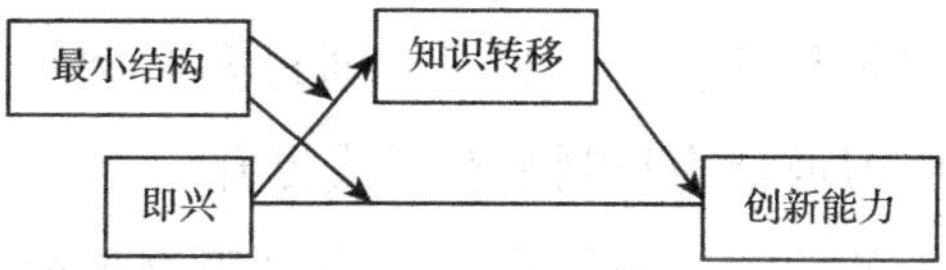

图5.1 研究模型

5.1.2.1 即兴能力是一种可开发的能力

按照能力的三层次划分，即兴可以被看作是操作级、动态级和学习级这三种能力层级的混合（Collis，1994；Helfat & Winter，2011）。事实上，这三种能力并没有明确的划分界限，即兴的操作能力代表企业如何挣扎求生，动态能力是操作能力的变化结果，它改变了企业解决问题的方式，而学习能力是动态能力的变化结果，是最终的二级能力（Collis，1994；Winter，2003）。即兴的学习能力隐藏在操作能力和动态能力背后，建立在边干边学的基础上，具有系统化和模式化的特征，是长期试错学习的一部分（Collis，1994）。即兴的学习能力能够引导动态能力和操作能力的发展，在高速变化的环境和创业环境中这种引导体现得特别明显。如 Eisenhardt 和 Martin（2000）认为，在高速变化的环境中，即兴的学习能力通过原型设计、实时信息和实验等体验活动逐步形成。Zahra 等（2006）提出，在创业过程中年轻的企业由于缺乏惯例，必须依靠即兴的边干边学开发自己的操作和动态能力。

学者们通过实证研究也验证了培训对提升个体即兴能力的有效性。Crossan 和 Vera（2005）首次验证了培训能够增加个体即兴行为的发生频率。他们指出即兴培训要侧重创造性、自发性、专业知识以及团队合作的质量。Daly 和 Grove（2007）研究了欧洲三家航空公司新雇佣的客舱服务人员的入职培训效果。他们发现，以剧场游戏为主的即兴培训能够提升个体处理突发事件的有效性和应变能力。Christopoulos 等（2016）以巴西政府部门人员为访谈对象，从培训环境条件、培训转化动力以及受训者对即兴情境下意义建构的反应三个方面帮助受训者获得并提升其处理意外事件的能力。国内学者何辉和肖慧芹（2017）通过多案例研究，也发现即兴能力能够通过一定的练习或行为复制来获得或提升。

事实上，组织中的即兴能力培训大多来自于剧场即兴表演。正如戏剧治疗大师 Spolin① 所说："每个人都能表演，每个人也能即兴"。迄今为止，最常被提到和运用的剧场即兴原则是"是的，并且"（yes，and），该原则

① Viola Spolin 是美国著名的戏剧治疗大师，也是剧场即兴的奠基人。她的初衷是把剧场游戏用于心理治疗，帮助那些社会地位低下的年轻人开发社交技能并提升自尊。后来，她扩大了剧场游戏的应用范围，在剧场内建立了即兴培训中心，专门用来帮助演员提高表演能力。正是从这样的即兴表演中得到启发，组织开始尝试把戏剧中的即兴培训应用到员工培训中去。

要求每一个即兴表演者在舞台上接受、支持并改善而不是否定搭档的想法。即使那些看似错误或古怪的想法也应该被验证并融入场景中去；否则，即兴就会被打断，表演就会失去其内在一致性。“是的，并且”原则后来被广泛应用到组织即兴能力培训的实践中，如谷歌、百事可乐和麦肯锡公司都运用此原则设计了培训内容和评估方法，其中团队合作是对即兴培训有效性进行量化评估的最常见指标（Kirsten & Du Preez，2010）。

综上，无论是从能力层级视角还是组织培训视角，本研究认为即兴能力能够通过重复和练习得以开发或提升。

据此提出如下假设：

H5－1：即兴能力可以通过学习培训得以开发或提升。

5.1.2.2 即兴能力开发对个体创新能力提升的作用机制

由于即兴能力是一种学习能力，这意味着即兴能力并非天生，是能够通过适当的培训开发活动加以改善或提升。如前所述，即兴能力能够促进个体创新。国内外学者均从个体、群体和组织层面进行了验证。国内学者大多发现了即兴能力对个体创新的促进作用，他们认为即兴通过促进新思想、新技术、专利或新理念的产生，进而促进个体创新绩效的提升（何存玉、李玉琼，2015）。即兴有助于打破固定思维模式与惯例，能够突破固有的工作和行为模式，进而对个体创新产生积极影响（李海东，2013）。科研人员在面临意料之外、具有时间压力且能引起成员关注的重要事件时，就容易诱发创新行为（徐光等，2015）。可见，即兴能力能够促进个体创新，当即兴能力通过培训得以开发和提升，个体的创新能力也随之提升。即兴能力开发对个体创新能力的影响依然显著。

如前所述，知识转移在即兴能力和个体创新之间起中介作用。知识转移传递了即兴能力对个体创新的促进作用，那些有更好即兴行为的个体通常也能更好地将知识和惯例传递给他人（Vera et al.，2014）。Vera等（2014）指出，个体在即兴行为中以新颖的方式重组、传递现有知识，能够产生新的、更先进的知识或创新。当即兴能力通过培训得以提升，个体创新能力也随之提升，知识转移的传递效应依然存在。

最小结构调节了即兴能力与个体创新间的关系。这是因为最小结构为即兴和创新创造了前提条件（Vera et al.，2014），最小结构使个体有清晰方向的同时也会给他充分的自由去探索和创新（高鹏斌，2013）。当即兴能力开发带来个体创新能力的提升，最小结构的调节效应依然存在。

知识转移传递了即兴能力开发对个体创新的积极影响，最小结构调节了即兴能力开发和个体创新间的关系。所以，最小结构调节了知识转移在即兴能力开发和个体创新能力提升间的中介效应。据此提出如下假设：

H5－2：即兴能力开发对个体创新能力的影响依然显著。

H5－3：知识转移中介了即兴能力开发对个体创新能力的影响。

H5－4：最小结构调节了即兴能力开发对个体创新能力的影响。

H5－5：最小结构调节了知识转移在即兴能力开发和个体创新能力提升间的中介作用。

5.2 研究设计与问卷的预分析

5.2.1 各变量的测量

本研究变量测量均使用国内外已有量表，要求被试者根据自身实际工作情况填写。量表采用 Likert7 点法，1 代表“完全不同意”，7 代表“完全同意”。

（1）即兴能力、知识转移和最小结构。

即兴能力、知识转移和最小结构的测量不变。即兴能力主要参考 Vera 和 Crossan（2005）、曹光明等（2012）等开发的量表，包含自发性、创造性和利用现有资源3个维度共9个题项；知识转移的测量参考Bresman（1999）的问卷共4个题项；最小结构参考Vera（2014）的量表共6个题项，从自主性和目标清晰性两个维度进行衡量。

（2）创新能力。

由于大学生的创新能力主要表现为创新性的思维逻辑（Torrance，1972），而创新性的思维逻辑分为聚合性思维和发散性思维两种。本研究分两次测量大学生的创新能力，分别采用聚合性思维和发散性思维进行测试。其中聚合性思维采用经典的“蜡烛问题”，发散性思维采用经典的“擦鞋实验”。发散性思维能够获得多种解决方式，聚合性思维能够从众多方案中选出有效正确的方式，这二者对创新能力的培养都是至关重要的，因为它们能在培养多样性的同时也培养大学生如何进行正确有效的筛选。本研究实验前后分别选取了这两种测量方式，以免因方法的单一性造成有偏差的实验结果。

①蜡烛问题及其测量。

蜡烛问题（C&le problem）是聚合性思维在创新能力测量中的典型表现，解决此类问题需要打破特定情境的思维定式。Duncker和Lees（1945）用“功能固化（functional fixedness）”来概括人们在物品用途上的思维定式，即人们以该物品的通常功能来定义物品，想当然地认为该物品自然要用这种常用的方式被使用，忽略了其他创新的可用的功能。

参与者需要利用这些素材解决一个问题——“将点燃的蜡烛固定在墙上后，要使其因燃烧形成的蜡油不会滴到地面或者桌子上”，需要注意的是，只有桌子上现有的物品才能解决问题。这个问题只有一种解决方法，就是把图钉盒清空，作为蜡烛的固定容器，然后用图钉把容器钉在墙上，点燃蜡烛，放在图钉盒上燃烧，这样燃烧的蜡油既不会掉落在地面上，也不会掉落在桌子上。

该问题的解决需要参与者打破原来日常使用的惯性思维，灵活运用现有的材料。实验将蜡烛问题中受试者的答案区分为对与错。正确答案必须包括火柴盒作为蜡烛保持工具（Maddux & Galinsky，2009）。因此，我们用“是”和“否”来判断创新能力的标准，即参与者回答正确的答案，我们认定为1，没有回答为0。

②擦鞋实验及其测量。

作为发散性思维测试的经典测量方法之一，擦鞋实验的目的在于考察被试面对日常物品，是否能够打破对原先物品日常用途的惯性思维，灵活应用已有的材料，即为不寻常用途测量（Unusual Uses Test）方法。

具体来说，擦鞋实验为参与者设置了一个具体情境，每个参与者被要求想象他/她将参加公司举办的晚宴。当他/她在为宴会做准备时，他/她意识到自己的鞋子磨坏了，他/她没有鞋油而且目前没有能够购买到鞋油的可能。一张磨损的鞋子的照片连同对情况的描述一起被展示出来，以增强场景的真实性。参与者被要求写下他们对此问题的反应方式。

在该方法答案的测量上，同时采取新颖性（originality）和实用性（practicability）两个维度来衡量，邀请专业评估人员对各答案进行1～7综合打分，并在正式评分前随机抽取30份样本做一致性检验以求结果的可靠性。通常，得分较高的回答包括用魔笔或记号笔给鞋磨损处上色，得分较低的回应则是忽略磨损，从朋友或邻居那里借擦鞋油，换鞋或衣服等。

5.2.2 问卷的预调研和研究设计

本研究采用纵向研究设计，研究分为即兴能力开发之前（前测）和之后（后测）两个部分。其中前测采用问卷调查，验证即兴能力开发前对个体创新能力提升的影响；后测采用实验法和问卷调查相结合，验证即兴能力是否能够通过培训提升（假设5－1）以及在即兴能力提升后，假设5－2、假设5－3、假设5－4和假设5－5是否依然成立，进一步验证本书的研究模型。

本研究以北京某“双一流”高校的在读学术型研究生为调查对象，通过时隔二周的两次现场问卷调查，探索即兴能力的可开发性，以及即兴能力开发对个体创新能力的影响机制。问卷的发放和搜集主要由作者本人以及协作者共同完成。

在正式施测之前，将初步设计好的问卷先发放给调研人员进行可行性的分析并对于问卷中的各个量表题项的含义及措辞进行斟酌。初步分析发现问卷题项的信效度结果均良好，所有题项都可以保留。再对问卷中的个别语句进行适当修正，以此形成了最终问卷。

量表分为三个部分，除了传统的人口统计变量（性别、年级、生源地等）和研究构念测量题项以外，还分别增加了有关即兴的知识问答，目的在于考核被试对即兴这个科学研究问题的了解，以及实验组和对照组1在接受了互动游戏式和授课式即兴培训以后，他们对即兴的理解是否有所提升。值得注意的是，我们在两次测试问卷中根本没有提到“即兴”二字，只是让被试按照其日常科研学习的感知进行填答，就是为了避免被试在填写问卷中陷入先入为主的偏见。

（1）研究1：前测。

研究1旨在验证即兴能力开发前其对个体创新能力的作用机制。

2020年11月初我们进行了第一次调查，调查持续一周。我们选择4个不同专业的研究生作为调查对象，共收集问卷151份。此次调查分为两个部分：一是量表测量被试的即兴能力、知识转移和最小结构；二是对于创新能力的测量，我们采用经典蜡烛实验，该方法早已被验证具有良好的信度与效度（Duncker & Lees，1945；Maddux & Galinsky，2009）。评价采用二分类变量，分为“正确”与“错误”。正确回答必须包含“将图钉盒作为蜡烛的固定容器”等相关描述，我们用“1”来表示；否则用“0”来表示。

由于此为前测，我们特意在问卷的开头设计了有关即兴的两个常识性问题：“1. 爵士乐源自哪个国家？2. 您是否在现场或在视频中欣赏过爵士乐或类似的街头表演吗?”以判定被试对即兴的了解程度。

(2) 研究2:后测。

研究2旨在验证即兴能力能否通过培训得以开发(假设5-1),以及在即兴能力开发后,其对个体创新能力提升的作用机制是否有所差异。

本研究与前测间隔2个星期,针对同一批被试进行。共收集问卷146份。我们将两次收集到的问卷根据手机尾号后4位进行配对,最后形成133对有效数据。本次研究采用实验法和问卷法相结合的方式。我们设计了两种实验场景:互动游戏式即兴培训场景和授课式即兴培训场景,把这两种场景下的被试分别与未经过任何培训的被试进行比较。具体来说,我们把其中两个专业作为实验组,让其接受互动游戏式的即兴培训,培训时长20分钟。另外两个专业一个作为对照组1,接受授课式培训,时间也为20分钟;一个作为对照组2,不接受任何培训。实验组和对照组1在培训结束后立刻填写问卷,对照组2直接填写问卷。

对即兴能力、知识转移和最小结构的测量依然不变,我们只是调整了个别题项的顺序;对创新能力的测量,我们这次选取了擦鞋实验,该实验广泛用于解决问题情境中的个体创新能力评价(Torrance,1972;Besemer & O'Quin,1987)。我们邀请专业评估人员从新颖性(originality)和实用性(practicability)两个维度,按照1~5级进行评价。通常,得分较高的回答包括用魔笔或记号笔给鞋磨损处上色,得分较低的回应则是忽略磨损,从朋友或邻居那里借擦鞋油,换鞋或衣服等。

(3) 即兴能力开发的两种培训设计。

第一,以“是的,并且”原则为基础的互动游戏培训。

组织中的即兴能力培训大多来自于剧场即兴表演。正如戏剧治疗大师Spolin所说,“每个人都能表演,每个人也能即兴”。迄今为止,最经常被提到和运用的剧场即兴原则是“是的,并且”(yes,and),该原则要求每一个即兴表演者在舞台上接受、支持并改善而不是否定搭档的想法。即使那些看似错误或古怪的想法也应该被验证并融入场景中去;否则,即兴就会被打断，表演就会失去其内在一致性。“是的，并且”原则后来被广泛应用到组织即兴能力培训的实践中，如谷歌、百事可乐和麦肯锡公司都运用此原则设计了培训内容和评估方法（Fink et al.，2007）。

研究2中，我们首先通过抽取扑克牌的方式确定参加互动游戏的2名成员（如黑桃1配红桃1，方片1配草花1，依此类推），以保证互动小组构成的随机性。待确定互动游戏小组后，2名研究人员在现场做“是的，并且”原则的模拟演示，保证所有被试都能理解并掌握。然后给互动小组发放问题清单，拿到红色牌的同学描述场景，拿到黑色牌的同学必须用“是的，并且”原则接龙，要求这一互动游戏持续20分钟左右。

第二，授课培训。

授课式即兴培训场景应用于对照组1。教师同时采用PPT演示为对照组1详细讲解即兴的相关内容，时间也为20分钟。在授课期间允许被试提问，也允许他们之间相互讨论。

5.2.3　样本的基本信息

本研究问卷调查以北京某“双一流”高校在读的学术型研究生为调查对象。本研究最终回收样本的基本情况如表5.1：

第一次调查中，从性别来看，男性占37.09%，女性占62.91%；从年级来看，研一占29.14%，研二占17.88%，研三占52.98%；从生源地来看，华北地区占70.86%，东北地区占1.99%，华东地区占9.93%，中南地区占6.62%，西南地区占3.31%，西北地区占7.28%。

第二次调查中，从性别来看，男性占29.45%，女性占70.55%；从年级来看，研一占28.77%，研二占19.18%，研三占52.05%；从生源地来看，华北地区占73.29%，东北地区占0.68%，华东地区占11.64%，中南地区占7.53%，西南地区占2.05%，西北地区占4.79%。

表 5.1　　描述性统计

测项	类别	第一次调查		第二次调查	
		样本数	占比（%）	样本数	占比（%）
年级	研三	80	52.98	76	52.05
	研二	27	17.88	28	19.18
	研一	44	29.14	43	28.77
生源地	华北地区	107	70.86	107	73.29
	东北地区	3	1.99	1	0.68
	华东地区	15	9.93	17	11.64
	中南地区	10	6.62	11	7.53
	西南地区	5	3.31	3	2.05
	西北地区	11	7.28	7	4.79
性别	男	56	37.09	43	29.45
	女	95	62.91	103	70.55

5.2.4　信度和效度的检验

(1) 信度检验

信度分析是对测量量表的稳定性进行评价，来判断量表中所测量的题项是否为同一概念，本研究中的信度检验是用克朗巴哈系数来表示，当克朗巴哈系数大于0.7时表示量表的稳定性较好。见表5.2，无论是实验组还是对照组，即兴能力、知识转移、最小结构的克朗巴哈系数分别为0.824，0.918，0.779，说明量表的信度较高，具有较高的内在一致性。

表 5.2　　信度分析

变量		项已删除的刻度均值	项已删除的刻度方差	CITC	Cronbach's a	
即兴能力		19.680	11.393	0.594	0.824	
知识转移		19.627	9.844	0.545	0.918	
最小结构	目标清晰性	19.854	9.648	0.753	0.691	0.779
	自主性	20.360	9.964	0.599	0.736	

（2）效度检验

本研究中采用Amos26.0进行数据的结构效度分析，对即兴能力、知识转移、最小结构进行结构效度检验，分别比较单因子模型（即兴能力+知识转移+最小结构）、双因子模型（即兴能力+知识转移、最小结构）、三因子模型（即兴能力、知识转移、最小结构）。三因子模型的拟合度相对较好，结果如表5.3所示。χ^2/df（1<NC<3）、RMESA（<0.07）、CFI（>0.90）、IFI（>0.90）、NFI（>0.80）、TLI（>0.90）适配度指标值都达到可接受的标准，数据的整体效度较好。

表5.3　　效度分析

模型	χ^2	χ^2/df	RMSEA	CFI	IFI	NFI	TLI
单因子模型	591.578	3.892	0.139	0.658	0.663	0.594	0.615
双因子模型	513.222	3.399	0.126	0.718	0.723	0.648	0.681
三因子模型	233.510	1.610	0.064	0.931	0.933	0.840	0.919

5.2.5　相关性检验

我们借助SPSS统计工具进行描述性统计分析。表5.4列出了本研究所有变量的均值、标准差和相关系数。由表可得，即兴与知识转移之间存在正向相关的关系（R=0.334，P<0.01），即兴与创新能力之间存在正向相关的关系（R=0.417，P<0.01），即兴与最小结构之间存在正向相关关系（R=0.233，P<0.01），知识转移与最小结构之间也正向相关（R=0.500，P<0.01），因此本研究的主要变量（即兴、知识转移、最小结构、创新能力）两两显著相关，以上结论支持了后续回归分析验证的进行。但是，表5.4仅展现各变量之间的相关性，最终需要通过回归分析对变量间的关系假设进行验证。

表 5.4　相关性检验

变量	均值	标准差	1	2	3	4
即兴	5.066	0.973	1			
知识转移	5.104	1.210	0.334***	1		
最小结构	4.665	1.281	0.233***	0.385***	1	
创新能力	0.503	0.502	0.417***	0.500***	0.433***	1

注：*** 表示在 0.01 水平（双侧）上显著相关。

5.3 数据分析与讨论

5.3.1 研究 1 结果与分析

5.3.1.1 独立样本 T 检验

我们首先比较四组被试前测这一环节对即兴相关知识的掌握情况。对于问题 1：爵士乐源自哪个国家？实验组和对照组的回答正确率分别为 63% 和 60%。对于问题 2：您是否在现场或在视频中欣赏过爵士乐或类似的街头表演？实验组和对照组中分别有 51% 和 48% 的参与者有此经历。实验组的回答略好于对照组。

接下来检验实验组和对照组在即兴和创新能力方面是否存在显著差异，我们采用独立样本 T 检验的方式比较了两组被试，结果见表 5.5：

表 5.5　独立样本 T 检验

分组	实验组		对照组		P
	均值	标准差	均值	标准差	
即兴能力	5.077	0.767	5.360	0.787	0.072
创新能力	0.493	0.503	0.513	0.503	0.812

结果表明实验组和对照组的即兴能力（P＞0.05）与创新能力（P＞0.05）均无显著差异，分组较为合理，可继续进行后续研究。

5.3.1.2 回归分析

前测中的因变量是二分类变量，因此本研究除采用层次回归之外，还采用 Logistic 回归方法来估计模型，使用 SPSS 23.0 软件进行数据分析。由于年级和生源地等控制变量与各个主要变量的关系均不显著，因此这里不做展示。

（1）知识转移的中介作用。

运用层次回归分析，按照温忠麟和叶宝娟提出的步骤检验中介效应，结果见表 5.6。模型 1 结果显示性别对创新能力的影响负向显著（β＝－1.088，P＜0.05），这意味着男性的创新能力更高；即兴对创新能力有积极影响（β＝1.179，P＜0.01）。模型 2 显示即兴对参与者的知识转移有积极影响（β＝0.382，P＜0.01）。将知识转移纳入模型 3 后，结果显示知识转移对创新能力有积极影响（β＝1.122，P＜0.01），且即兴对创新能力的影响仍然显著（β＝1.007，P＜0.01）。由于直接效应和间接效应同为正号，这表明知识转移在即兴和创新能力的关系间起部分中介作用，为进一步验证知识转移的中介作用，本研究运用 Bootstrap 方法重复抽取 5000 次，结果显示知识转移在即兴与创新能力的间接效应值为 0.293，95% 置信区间为［0.096，0.677］，不包含 0，中介效应占总效应的比例为 24.85%。

表 5.6　中介效应与调节效应

变量	中介效应			调节效应	
模型	模型 1	模型 2	模型 3	模型 4	模型 5
性别	－1.088**	－0.02	－1.241**	－0.747	－0.677
即兴	1.179***	0.382***	1.007**	1.065***	1.990*
知识转移			1.122**		
最小结构				1.073***	－2.393
即兴×最小结构					0.662**

注：*** 表示 P＜0.01；** 表示 P＜0.05。

(2) 最小结构的调节作用。

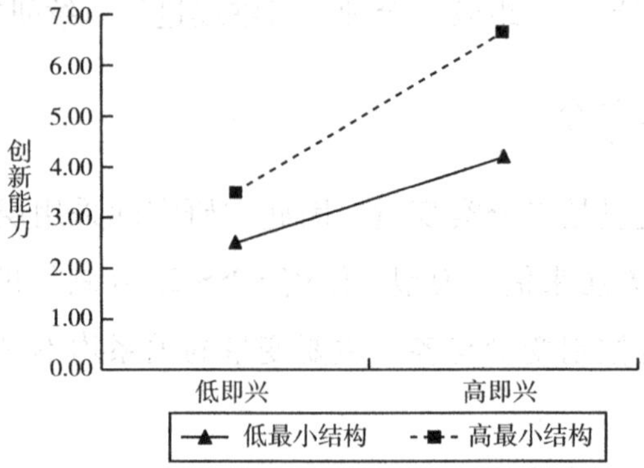

图 5.2　最小结构对即兴与创新能力间关系的调节效应

模型4表明，最小结构对创新能力有直接的正向影响（β = 1.073，P < 0.01）。然后，我们检验了最小结构的调节效应，模型5中交互项作用（即兴×最小结构）显著（β = 1.990，P < 0.01），说明即兴对创新能力的影响受最小结构的调节。图5.2的交互效应表明，无论最小结构是高还是低，即兴均能积极预测创新；但是高最小结构条件下，即兴对创新的积极影响更为显著。

(3) 有调节的中介效应的检验。

本研究使用Hayes的Process模型分析最小结构对知识转移在即兴与创新能力间中介作用的调节效应。结果表明，当最小结构高于一个标准差时，95%置信区间为［0.028，0.754］，不包含0，知识转移的间接效应显著；当最小结构低于一个标准差时，95%置信区间为［-0.026，0.739］，包含0，知识转移的间接效应不显著。因此，最小结构调节了即兴通过知识转移对创新能力的影响，有调节的中介效应模型成立。

表 5.7　有调节的中介模型检验

效应	调节效应	效应量	标准误差	95%置信区间	
				下限	上限
最小结构的间接效应	低水平最小结构	0.3162	0.1958	-0.026	0.739
	高水平最小结构	0.3172	0.1864	0.028	0.754
	二者间的差异	0.3167	0.1476	0.096	0.677

5.3.2 研究2结果与分析

5.3.2.1 一致性检验

由于研究2中创新能力的测量来自专家的主观评定，因此，在正式评价之前，必须检验三个评价者的评分者信度。三位专家首先根据原创性和实用性的评价维度以五分制（1为不完全；5为非常多）的报告解决方案对30份问卷进行独立评分。然后我们对结果进行了一致性检验，结果见表5.8：

表5.8 一致性检验

类内相关性		95%置信区间		使用真值0的F检验			
		下限	上限	均值	df1	df2	Sig
单个测量	0.843	0.708	0.921	21.085	28	56	0.000
平均测量	0.942	0.879	0.972	21.085	28	56	0.000

依据单一测量（Single Measures）的估计结果，得出不同评价者对同一组样本的创新能力评分的组内相关系数为0.843（$P<0.001$），大于临界值0.75，表明各个专家的评价一致性较高，通过一致性检验，三位专家可以按照确定的评价标准对剩余样本继续评价。

5.3.2.2 方差分析和T检验

本部分验证即兴能力在培训前后的变化，通过比较实验组和对照组在培训后的组间差异，以及实验组和对照组各自在培训前后的组内差异进行。

表5.9的组间差异显示，经历了互动游戏培训后，实验组的即兴能力水平值为5.633 ± 0.755；对照组1经历了授课培训后，其即兴能力水平值为5.565 ± 0.867；对照组2没有经历任何培训，其即兴能力水平值为5.133 ± 1.204。均值显示实验组的即兴能力水平高于对照组1，更高于对照组2；且互动游戏培训、授课培训、不培训三种方式对被试即兴能力的提

升具有统计学意义（F = 3.321，P < 0.05），表明即兴能力通过培训得到了显著提升。

表 5.9　　培训后即兴能力的单因素方差分析

组别	样本量	平均值	标准差	F	p
实验组	69	5.633	0.755		
对照组 1	34	5.565	0.867		
对照组 2	30	5.133	1.204	3.321	0.039

表 5.10 的组内差异显示，实验组在互动游戏培训前后的双尾检验 P 值在 0.001 水平上发生显著差异；对照组 1 在授课培训前后的双尾检验 P 值为 0.034，这说明 P 值在 0.05 水平上发生显著差异；而对照组 2 只是经历了时间，其前测和后测的双尾检验 P 值为 0.244，无显著差异。再次验证了无论互动游戏培训还是授课培训，均可以显著提升即兴能力，且互动游戏培训对即兴能力的提升效果要好于授课培训，由此全面验证了即兴培训的有效性，即假设 H5 - 1 成立。

表 5.10　　培训前后即兴能力变化的配对样本 T 检验

组别	成对差分					Sig（双侧）
	均值	标准差	均值的标准误差	差分的 95% 置信区间		
				下限	上限	
实验组	0.337	0.787	0.095	0.148	0.526	0.001
对照组 1	0.284	0.750	0.129	0.023	0.546	0.034
对照组 2	0.133	0.614	0.112	-0.096	0.363	0.244

5.3.2.3　回归分析

本部分拟采用实验组和对照组 1 为样本，验证即兴能力开发对个体创新能力提升的影响机制。

（1）知识转移的中介作用

与研究 1 相似，我们首先运用层次回归分析来验证中介效应。具体结果见表 5.11。

表 5.11 中介效应与调节效应

变量	中介效应			调节效应	
模型	模型1	模型2	模型3	模型4	模型5
性别	0.588	-0.02	0.621*	0.643	0.654
即兴	1.009***	0.854***	0.544**	0.340*	0.655
知识转移			0.544**		
最小结构				-0.151	0.227
即兴×最小结构					-0.072

注：*** 表示 P<0.01；** 表示 P<0.05，* 表示 P<0.1。

模型1显示即兴能力开发后对个体创新能力的积极预测作用（β=1.009，P<0.01），假设H5-2得到验证。模型2显示了即兴能力开发后对被试的知识转移有着积极的影响（β=0.854，P<0.01）；将知识转移纳入模型3后，知识转移对个体创新能力有显著积极影响（β=0.544，P<0.05），且即兴对创新能力的影响仍然显著（β=0.544，P<0.05）。由于直接效应和间接效应同为正号，这表明知识转移在即兴和创新能力的关系间起部分中介作用。为进一步验证知识转移的中介作用，本书运用Bootstrap方法重复抽取5000次，结果显示知识转移在即兴与创新能力的间接效应值为0.443，95%置信区间为［0.068，0.874］，不包含0，假设H5-3得到验证，中介效应占总效应的比例为43.9%。而在即兴能力开发之前，知识转移的中介效应只有24.85%，提升了19.05%。这意味着即兴能力开发增强了知识转移的传导效应。

（2）最小结构的调节作用。

模型4加入最小结构后，即兴能力开发对个体创新的影响依然显著（β=0.340，P<0.1），模型5中的交互项（即兴×最小结构）系数不显著（β=-0.072，P>0.1），最小结构对开发后的即兴能力和个体创新间的关系不起调节作用，假设H5-4未得到验证，假设H5-5也无须再继续验证。

5.4 结　论

本部分以在读研究生为对象，采用实验法，设计两种即兴能力开发方法，以验证即兴能力是否能够通过学习培训得以提升；在此基础上，继续验证即兴能力开发对个体创新的提升机制。主要结论如下：

第一，即兴能力具有习得性和可开发性，能够通过后天培训得以提升。在组织能力理论的基础上，本研究认为即兴是一种隐藏在操作能力和动态能力背后的学习机制和能力。本研究设计了互动式即兴培训游戏和授课式即兴培训两种方法，其中实验组接受互动游戏培训，对照组 1 接受授课式培训，对照组 2 只经历时间。前测发现实验组和对照组（包括对照组 1 和对照组 2）的即兴能力无显著差异；后测发现实验组和对照组的即兴能力水平组间差异检验显著（$F = 3.321$，$P < 0.05$），且实验组和对照组 1 显著高于对照组 2。进一步比较培训前后的组内差异检验显示，实验组的即兴能力在培训前后差异最为显著（$P = 0.001$），对照组 1 次之（$P = 0.034$），对照组 2 没有显著差异（$P = 0.244$），证实了即兴能力通过互动游戏培训与授课式培训可以得到提升，且互动游戏的培训效果要好于授课培训。

第二，即兴能力开发能够积极预测个体创新能力，且知识转移起到中介作用。这是对以往研究内容的再次验证。在即兴能力开发前后，即兴对个体创新的影响均为正向显著（$\beta = 1.179$，$P < 0.01$；$\beta = 1.009$，$P < 0.01$），且知识转移均起到部分中介效应，95% 置信区间分别为［0.096，0.677］和［0.068，0.874］，均不包含 0。但是在即兴能力开发之前，知识转移的间接效应值为 0.293，中介效应占总效应的比例为 24.85%；而在即兴能力开发之后，知识转移的间接效应值为 0.443，中介效应占总效应的比例为 43.9%。这意味着即兴能力开发显著增强了知识转移在即兴和个体创新间的传递效应，即兴对创新的直接影响与知识转移的间接影响基本

等同。这可能是因为即兴能力显著提升以后，个体更容易在互动中产生知识和经验的转移与重组，进而促进创新。因此，即兴培训增加了知识转移的传递效应。

第三，最小结构调节了即兴能力对个体创新的作用机制。这一结论包含两层含义：一是最小结构正向调节了即兴与个体创新能力间的关系（$\beta = 1.990$，$P < 0.01$）；二是最小结构正向调节了知识转移在即兴和个体创新能力之间的中介作用，这是有调节的中介作用。随着自主性和目标清晰性的增加，即兴能带来个体间更多的知识转移，个体的知识积累存量增加，促成新知识和经验的生成和转化，最终提升他们的创新能力。值得注意的是，当即兴能力经过开发得到显著提升后，最小结构的调节作用变得不显著了（$\beta = -0.072$，$P > 0.1$）。也就是说，无论最小结构是高还是低，开发后的即兴能力对个体创新的影响均为积极显著。这进一步夯实了即兴对个体创新的积极预测作用。

第6章

研究结论与管理启示

6.1 研究结论

本项目以北京、上海、深圳等地科技企业的研发人员为对象，研究科研人员即兴能力的形成过程，以及即兴能力对创新绩效的作用机制；为了验证即兴能力的习得性特征，本研究以某“双一流”高校的在读研究生为对象，设计两种即兴能力培训方案，通过实验操控的方式进一步探索即兴能力开发对研究生创新能力的影响路径。主要研究结论如下：

第一，借鉴能力形成的微观基础理论，本研究认为个体、交互过程和结构三个微观要素共同作用于科研人员即兴能力的形成。其中个体即指科研人员，交互过程是指个体间行为的相互依赖和作用。按照 Levinthal 和 Rerup（2006）的观点，即兴能力的形成与开发至少通过经验和创新两种途径，因此我们选用个体经验和个体搜集外部知识作为科研人员知识交互的两种形式。又由于最小结构来源于爵士即兴，代表了个体或群体即兴的环境条件，因此最小结构作为即兴能力形成过程中的结构要素。研究发现，科研人员的个体经验和对外部知识的搜集，均能促进他们的即兴能力发挥。具体来说，随着个体经验的增多和外部知识搜集行为的频繁，科研人员将有更多机会积累与任务相关的知识，并能够从记忆中筛选、再组织和整合已有的知识，以面对和处理某些意外事件，提升即兴能力。

最小结构倒“U”形调节了科研人员知识交互与即兴能力发挥间的关系。也就是说，存在一个最小结构的临界点，低于临界点的最小结构分别正向调节了个体经验、个体搜集外部知识和即兴能力的关系，而高于临界点的最小结构则负向调节了上述关系。只有处于临界点的“适度”的最小结构情境下，科研人员的个体经验与搜集外部知识才能带来最大程度的即兴发挥。研究进一步检验了最小结构的两个维度自主性和目标清晰性的调节作用，结果显示自主性和目标清晰性均倒“U”形调节了科研人员个体经验与即兴能力发挥间的关系；同样，自主性和目标清晰性也倒“U”形调节了科研人员搜集外部知识与即兴能力发挥间的关系。这一结论挑战了以往最小结构线性调节的研究成果。

第二，本研究探讨科研人员即兴能力发挥对其创新绩效的作用机制。由于个体间的知识转移是个体根据不同的应用场景对知识做出灵活调整并传递给其他成员的过程，这意味着知识转移也可能来自人员即兴。因此，本部分引入知识转移作为中介变量，并继续验证最小结构的调节作用。结果显示，科研人员即兴能力发挥能够促进其创新绩效提升，且知识转移部分中介了科研人员即兴对创新绩效的影响。具体来说，科研人员即兴对创新绩效的积极预测作用一部分通过知识转移进行传递，还有一部分则表现为直接效应，且直接效应和间接效应的影响几乎相当。科研人员既能够通过即兴发挥直接提升创新绩效，也能通过即兴发挥促进个体间的知识转移，进而提升创新绩效。

与即兴能力的形成类似，最小结构同样倒“U”形调节了科研人员即兴对创新绩效的影响机制。这包含两层含义：首先，最小结构倒“U”形调节了科研人员即兴与创新绩效间的关系。自主性与目标清晰性均倒“U”形调节了科研人员即兴对创新绩效的积极影响；其次，最小结构倒“U”形调节了知识转移在科研人员即兴和创新绩效间的中介作用。同理，自主性与目标清晰性也均倒“U”形调节了知识转移的中介效应，这是有调节的中介。这意味着存在一个最小结构的临界点，低于临界点的最小结构正向调节了科研人员即兴对创新绩效的促进作用，而高于临界点的最小结构则负向调节了二者的关系。只有“适度”的最小结构才能最大限度地促进科研人员即兴能力发挥，进而带来最高水平的创新绩效。更进一步，在“适度”的最小结构条件下，科研人员即兴能带来成员间更多的知识转移，从而更有利于个体的知识积累，最终提升他们的创新绩效。

第三，本研究以在读研究生为对象，验证即兴能力是否能够通过培训得以提升；在此基础上，继续验证即兴能力开发对个体创新能力的提升机制。实验结果显示，即兴能力并非天生，它是一种隐藏在操作能力和动态能力背后的学习机制和能力。它具有习得性和可开发性，能够通过后天培训得以提升，且互动游戏的培训效果要显著好于授课培训。由于前文对科研人员创新绩效的衡量，是从新产品、新技术的推出和应用等方面进行的，在读研究生由于缺乏完整的工作和实践经历，明显不适合上述指标。因此，本部分采用创新能力替代创新绩效，以继续探究即兴能力开发对在读研究生创新能力提升的作用机制。研究发现，即兴能力开发能够积极预测个体创新能力提升，且知识转移起到中介作用。在即兴能力开发前后，即兴对个体创新的影响均为正向显著，且知识转移均起到部分中介效应。但是，即兴能力开发后，知识转移在即兴和个体创新间的中介效应显著增强。这是因为即兴能力经过开发得到显著提升以后，个体更容易在互动中产生知识和经验的转移与重组，进而促进创新。因此，即兴培训增加了知识转移的传递效应。

最小结构线性调节了即兴能力对个体创新的作用机制，这一结论仅限于即兴能力开发之前。具体来说，最小结构正向调节了即兴与个体创新能力间的关系，即自主性和目标清晰性越高，个体即兴对创新的影响越积极显著；另外，最小结构正向调节了知识转移在即兴和个体创新能力之间的中介作用，这是有调节的中介作用。即随着自主性和目标清晰性的增加，即兴能带来个体间更多的知识转移，这会促成新知识和经验的生成和转化，最终提升创新能力。当即兴能力开发后，我们发现最小结构的调节作用就不复存在了。也就是说，无论最小结构是高还是低，开发后的即兴能力对个体创新的影响均为积极显著。

第四，本部分关于最小结构的研究结论也与前文有明显不同。在以科研人员为研究对象时，最小结论的调节作用是非线性的，表现为显著的倒“U”形影响；但是以在读研究生为对象时，最小结构的调节作用却为线性正向显著，拟合了研究文献和假设设定。这可能是因为在读研究生是学术型研究生而非 MBA，大多数没有工作经验，尽管他们普遍深度参与导师的项目或课题，但是与导师的关系并不完全等同于组织中正式的上下级关系，更多表现为一种“亦师亦友”的关系。一方面，导师要对学生的学业严格要求，增强他们的研究能力和潜力，激发他们的创造力；另一方面，导师还要不断引导学生树立正确的三观，帮助他们做好职业规划和人生规划。因此在读研究生对与导师之间权力距离的感知可能没有那么强烈，他们在科研工作中期待获得自主性，期待做出成绩获得导师肯定。同时，由于学术型研究生大多没有工作经验，他们也没有能力自行设定研究目标，需要导师给予清晰的目标指引，以聚焦方向，避免努力行为的分散。因此，最小结构线性调节了学术型研究生的即兴与创新。

6.2 理论价值

本研究的理论价值体现在以下几个方面：

第一，本研究最大的理论贡献在于提出并验证了即兴能力是一种学习能力，能够通过培训得以开发或提升这一观点。结合能力层级理论，本研究认为即兴能力是操作能力、动态能力和学习能力三种能力层级的结合。其中即兴的操作能力是个体或群体能够自发采取并且以新的方式对机会或问题做出回应的行动能力，但是这种即兴发挥只能提供临时性的解决方案；即兴的动态能力是指上述应激反应性的解决方案能够被保留并内嵌于组织的流程、产品和服务中，它改变了组织的“生存”方式；即兴的学习能力是隐藏在操作能力和动态能力背后的一种实践体验，具有模式化和系统化的特征，能够引导操作能力和动态能力的发展。本研究认为，即兴最终表现为一种学习能力，边干边学就是试错学习的重要组成部分。这意味着即兴能力并非天生，而是可以通过后天培养得以提升或开发。这一观点具有理论创新价值。

更进一步，应用戏剧即兴的“是的，并且”原则，本研究设计了两种即兴能力培训方法，并通过比较培训前后个体即兴能力的变化验证了即兴能力的习得性特征，得出互动游戏的培训效果要显著好于授课培训的结论。这为组织构建即兴能力培训体系奠定了基础，包括如何确定即兴培训的原则、方法和培训内容，也为即兴培训效果的评价提供了借鉴。

第二，基于组织能力形成的微观基础理论，本研究从个体、交互过程和结构三个要素探讨科研人员即兴能力的形成。其中个体即指科研人员，交互过程即指个体行为间的相互依赖和作用，本研究选取个体经验和个体搜集外部知识代表交互过程，因为经验和创新是即兴能力形成的两种基本途径。结构要素选取最小结构，它源于爵士演奏，体现了自由源于自律的即兴精髓。从微观基础理论视角研究即兴能力的形成，既能够从个体和交互作用等微观要素层面解释组织异质性和竞争异质性的来源，也有利于组织管理者采取各种干预手段，包括干预个体认知、行为选择以及个体间的相互作用，以获取和保持组织的竞争优势。微观基础理论强调了组织中微观个体对于组织能力形成的重要作用，扩展了从微观层面推进能力形成及演化的相关研究成果。

第三，本研究中最小结构的引入及验证，也具有一定的原创性。最小结构源于爵士即兴，是指表演者在极少的音乐模式和现场规则的约束下表现出创造性和一致性。它本质上是一种协调机制，实现了控制与自由的微妙平衡，是一种有边界的自由。尽管最小结构在国外的即兴研究中有所提及，但是并未形成较为成熟的研究结论；在国内，最小结构的研究仅限于理论描述。本研究将最小结构作为影响即兴能力形成及其后果的情境变量，探讨最小结构对科研人员知识交互与即兴能力间关系的影响，以及科研人员即兴能力与其创新绩效间关系的影响。研究结论挑战了以往西方背景的研究成果，即最小结构对科研人员即兴形成机制的影响并非线性，而是呈现倒“U”形关系；最小结构对科研人员即兴能力与创新关系的影响也非线性，亦呈现出倒“U”形关系。这意味着中国背景下，过高或者过低的最小结构都不是科研人员所期待的，他们更倾向于在“适度”的边界范围内获得自主性和目标设定，并就这种“适度”与管理者达成某种默契。本研究进行了小样本质性访谈，从权力距离和绩效考评方式两个角度对上述结论进行了解释，这对丰富即兴情境研究的本土化有一定的理论借鉴意义。

需要指出的是，本项目针对在读研究生的最小结构相关研究却得到了全然不同的结论。这可能是因为在读研究生不同于正式的科研人员。研究生导师是学生学业与职业发展的引路人，导师与学生之间并不是上下级关系，没有很高的权力距离；学生获取的报酬主要表现为津贴或补助，与工作成果并无直接关联。因此，最小结构对在读研究生即兴能力与创新关系的影响呈线性正向关系，即自主性越高、目标越清晰，学生的即兴发挥对其创新能力的影响越积极显著。这一结论为高等教育研究生创新能力的培养与激发提供了借鉴，也为构建平等和谐的师生关系提供了新的研究视角。

第四，本研究首次将知识转移引入即兴研究，验证了知识转移在科研人员即兴能力与创新绩效间的传递机制。传统观点认为知识转移大多源自于员工间的社会关系网络和人际互动过程。本研究提出，知识转移还可能来自人员的即兴行为，这是因为知识转移就是个体或群体根据不同的应用场景对知识做出灵活调整并传递给其他成员的过程。这种互动性和个体学习的灵活性与即兴的特质完全相同（Argote & Ingram，2000）。本研究发现了知识转移在科研人员即兴和创新间的部分中介效应，以及随着科研人员即兴能力的提升，知识转移的部分中介效应也在增大。本研究拓展了知识转移的来源研究，打破了知识转移来自于社交互动的传统认知，得出即兴也是知识转移的重要来源之一这个具有创新性的观点；同时，基于知识管理视角解构了即兴如何作用于创新的“黑箱”，这能够帮助学者们理解即兴对创新的内在作用机理，以及这种作用机理的变化规律。

6.3 管理启示

习近平总书记在国家科学技术奖励大会上强调，科学技术作为第一生产力，在推动实现共同富裕的过程中发挥着重要作用。科技创新作为提高社会生产力、提升国际竞争力、增强综合国力、保障国家安全的战略支撑，必须摆在国家发展全局的核心位置。本课题的研究结论将为组织和管理者推动研发人员即兴能力发挥，进而提升企业创新绩效提供借鉴。

6.3.1 构建科研人员即兴能力培训体系

本研究表明，即兴是一种“习得性”的能力，一种隐藏在操作能力和动态能力背后的学习能力，该项能力并非天生，是可以通过后天学习获得并提升的，这意味着企业可以通过正式培训提升科研人员的即兴能力。具体来说，构建科研人员即兴能力培训体系，可以从即兴意识培训和即兴内容培训这两方面着手：

第一，培养科研人员正确的即兴意识。即兴发挥并不单纯是面临意外状况时自发式的应激反应，也不是关键时刻的“灵光乍现”。它是以模式化或经验化的行为为基础，并创造性地对经验或模式进行重组。培养科研人员正确的即兴意识，首先要真正理解什么是即兴。目前对即兴的三种普遍误解阻碍了即兴意识的开发：一是过分强调即兴的自发性。即兴并不是指那些与例行行为无关的临时性活动，它不是临时性的问题解决，而是以“模式化和经验化的行为”为基础，是一种“以创新的方式对模式和经验进行重组的微观行为倾向”。有效即兴的背后往往包含很多准备工作以及学习（Weick，1998b）；二是过分强调即兴发生的紧急情境。尽管大多数即兴研究都发生在时间紧迫从而引发自发行为的紧急情境中，但是即兴也会发生在日常情境中。当组织采用新技术进而引发渐进式变革，员工必须做出调整行为以适应标准化的操作流程，这种调整行为即为即兴（Orlikowski，1996）；三是认为即兴总是导致积极的结果或更好的绩效。即兴从根本上说没有好坏之分，它可能是高度创新的，也可能是高度混乱的；即兴可能解决一个问题，也可能使它更加恶化。即兴并非解决所有问题的万能方案。

因此，帮助科研人员形成正确的即兴意识，要引导科研人员在日常工作中注重工作经验的积累，善于进行经验学习，将即兴行为渗透到日常工作中去。即兴意识培训可以采用“微课”形式，即5~10分钟的课堂教学视频，让受训者随时观看。视频内容主要包括经验学习的理念和即兴的原则、方法和技巧等，均采用情景模拟的方式，由科研人员扮演其中的角色。同时，建立系统化的经验分享制度，鼓励科研人员定期积累和分享经验。每月月底召开分享会，安排科研人员进行即兴创新的经验交流，对于那些有借鉴意义的即兴行为，给予表扬或奖励。此外，鼓励科研人员把最新学到或使用的新技术新方法，或者对原有技术和方法的新应用，在会上进行分享与讨论。为了达到上述目的，管理者还要尽心搭建便捷高效的内部交流工具，这是科研人员充分分享的技术保障。

第二，明确即兴能力培训的主体内容。借鉴Hogan和Warrenfeltz（2003）的观点，将技能开发作为即兴能力培训的主要内容，分为任务技能、自我技能和人际技能三大类。

（1）任务技能。任务技能是指那些为完成特定的工作任务而使用的技能。任务技能培训与工作岗位直接相关，需要有详尽清晰的工作说明书。一般采用在岗形式，由一位资深员工充当“导师”，受训者模仿“导师”以及完成“导师”交代下来的各种具体任务。

（2）自我技能。自我技能是指自我管理的能力，即能够进行自我意识、情绪恢复和自我控制的能力。它和情绪智力相关联，但其内涵更加丰富，还包括注意力、创造力、灵活性、自发性、自信心和乐趣等。注意力培训是指在学习工作场所如何高度集中注意力，这实际上是即兴培训的现场感，在现场一直关注对方当下的想法和感受。可以通过模拟工作场景、设置时间期限和任务目标等方式进行。创造力是即兴培训的关键，可以通过探索式学习来培养（汤超颖等，2022）。灵活性是使用所获得的信息的关键因素，它能够使人们在面对新信息的时候，勇于探索出一条难度较大但具有创新性的道路。灵活性培养可以在专业教师的指导下遵循“是的，并且”原则做情境练习。自信心是所有创造性和合作性行为的基础，可以通过人格训练、心理调适等方法提升。自信心能够在高度认知风险的情境下习得，但是前提条件是要获得高水平的支持（Aylesworth，2008），因此必须建立支持即兴的工作氛围。乐趣在组织培训中一直不被看重，其实它是增加情感投入、提升注意力和学习效果的关键因素（Huffaker & West，2005）。专注是乐趣产生的前提，“是的，并且”这一剧场游戏形式本身就能带来乐趣感。

（3）人际技能。人际技能和自我技能紧密相关，只有拥有强烈的自我管理能力，才有可能联系、影响和团结他人。即兴中的人际技能培训强调合作性，因为剧场即兴必须是高度合作的，“是的，并且”原则要求搭档必须接受并延展对方的观点，不论该观点多么匪夷所思。集体即兴超过个人即兴之和，就是团队成员密切相互作用的结果（Hatch，1997）。合作性训练的方式有很多种，最为常见的是体验式培训，即通过成员的体验、分享、交流、整合和应用，最终实现挑战自我、建设团队的目的。主要包括拓展训练、沙盘模拟、情景模拟、复盘再现等，它聚焦过程，能够提升和改善受训者的态度和行为。

6.3.2 培养科研人员的知识管理能力

知识管理能力是研发人员的必备素质也是进行创新的前提条件，必须给予足够重视（毛义华等，2021）。知识交互是知识管理中知识共享的重要方式，与即兴密切相关并能促进即兴积极结果的产生（曹光明等，2012）。知识转移则是知识管理中最基本同时也是最复杂的活动。知识转移和即兴之间也存在高度相关性，且是创新绩效提升的关键驱动力之一（彭正龙等，2011）。因此组织管理者可以通过引导科研人员的知识交互和知识转移，进而培养并提升他们的整体知识管理能力，以提高科研人员的即兴和创新绩效。

从知识交互角度，促进科研人员的经验积累和外部知识搜集。经验就是有效完成任务的惯例和实践。组织要鼓励科研人员积累经验，并通过经验转化进行知识创造。具体来说，鼓励科研人员把从项目中获取的具体经验记录下来，通过模式化的方式进行抽象概括，实现经验学习和隐形知识的结合，创造出新的解决方案。在面对新的意外事件时，能够从多个角度观察和反思自己先前的经验，并能运用新形成的方案或概念做出决策和解决问题。组织能够通过经验积累培养科研人员的灵活思维、多元视角和知识的可迁移能力。当外部知识已被科研人员获取，组织要鼓励研发人员及时进行内部分享；当外部知识尚未被科研人员获取，组织要向科研人员提供简单便捷的知识搜集网络，例如视频学习 APP、网络学习社区等，并尽可能降低搜集外部知识的成本和风险（田真真等，2020）。除此之外，也可以通过聘请专家或外出培训的方式帮助科研人员获取更多外部知识（陈耘等，2022）。

从知识转移角度，搭建有利于科研人员进行知识转移的平台。管理者应当建立健全知识共享激励机制，并根据科研人员知识转移能力和组织正式化程度设立合理有效的知识转移机制（张爽、陈晨，2022；李子叶、冯根福，2013）。当科研人员定期分享新知识以及给他人提供经验建议时，组织予以鼓励或者奖励，从而推动个体进行知识再造，促进创新能力和创新绩效的提升。管理者可以给科研人员提供更多以任务为主的工作平台，组织跨部门、跨公司的“项目团队”，将拥有不同技能和知识的人员聚集在一起，打破原有的组织或部门界限。这种新型团队由于其自组织、自学习、自适应的特点，增加了人们之间面对面接触和交流的机会，能够优势互补，尽快达成共识，也有利于团队精神的培养和协同意识的建立（姜文，2007）。此外，搭建形式多样的共享小平台，诸如组织经验交流会、知识分享会、午餐会、年会、沙龙等，组建知识网络，营造宽松的交流环境，鼓励科研人员之间知无不言、言无不尽，促进个体间知识和经验的有效流动，为科研工作奠定丰厚的经验和知识基础。

6.3.3 为科研人员构建适度的最小结构环境

在中国过高或者过低的最小结构都不是科研人员所期待的，他们更倾向于在“适度”的边界范围内获得自主性和目标设定，并就这种“适度”与管理者达成某种默契。基于前文的深度访谈，本研究提出如下建议：

首先，绩效考核要有适度“留白”。绩效考核目标既要清晰，又要留给科研人员自由发挥的空间。清晰的目标要包含具体的绩效指标和完成期限，使创新更具方向感；“留白”则是要留出一部分不设 KPI 的工作内容。只有不设 KPI 的研发工作，才能让员工在不考虑任务完成的情况下无拘无束即兴发挥，真正体现自主性和创造性。同时，管理者也要时刻追踪这些“留白”，随时提供人力、物力和资金支持，以促进成果产出和转化应用。此外，绩效考核期限应适当延长。现有一年期的考核期限难以实现真正的探索式创新（March，1991）。所以，应根据不同类型的科研岗位，尝试不同的绩效考核周期。对于那些能够拓展组织知识广度，产生一系列异质性的产品创新和工艺技术创新的项目或岗位，可适当把考核周期延长为 2～3 年，同时也要避免因考核周期过长带来的近因效应。

另外，管理者应注重考核结果的运用，不仅把考核结果作为薪酬发放和职业晋升的判定标准，也作为改进员工未来绩效的依据（廖建桥等，2010）。要重视与员工的绩效沟通与反馈，分析员工在考核中体现出来的优势和劣势，促进和增强员工的学习意愿，为他们未来绩效的提升和职业发展提供帮助和指引。

其次，给予科研人员适度的自主性。科研人员的专业自主权与科研创新之间是一种互惠共生关系，提高科研人员的专业自主权，就要容许科研人员犯错，降低犯错带来的消极后果。可以将“是的，并且”的即兴培训原则纳入组织文化，鼓励科研人员大胆提出新想法，采用新做法。不轻易否定员工的非常规想法和做法，并对那些有操作性和实践意义的想法和做法给予一定的资金和技术支持，帮助科研人员进行创新成果转化。管理者必须勇于承担责任，消除科研人员担心因标新立异会遭到“秋后算账”的疑虑。同时，由于中国文化的高权力距离特性，管理者也会在科研人员自主创作时随时追踪科研人员的创新进展，为他们的专业自由设定战略边界，防止因为无序即兴而给组织带来混乱和重大损失。

6.4 研究不足及展望

按照戏剧即兴的“是的，并且”原则，本研究尝试设计了两种即兴培训方法，即一个持续20分钟的即兴培训游戏和相同时间的即兴知识授课，以比较和验证即兴的“习得性”特征。但是即兴的习得性能力往往嵌于操作能力和动态能力之中，是一种长期的试错学习。本研究中20分钟的即兴培训设计明显过于仓促，难以体现即兴的动态演化过程。未来企业HR可以构建更为系统科学的即兴能力培训体系，增加培训时长，分散培训的时间安排，在培训内容设计时把通用能力和特殊能力相结合，并可以考虑在新员工入职培训中增加有关即兴能力开发的内容，以丰富企业的培训实践。

本研究主要聚焦于即兴带来的积极影响，对于即兴可能带来的混乱没有涉及。尽管大多数相关研究都侧重于即兴的正向作用，例如即兴对创新创业、教育培训和认知障碍治疗等的积极效应。事实上，即兴也可能带来混乱和无序。国外学者认为情绪管理是即兴创作的一个重要元素，大量即兴会使组织成员承受较大压力，增加他们的焦虑感与心理倦怠。如果这种焦虑得不到解决，它可能会对即兴的意愿和有效性构成威胁，从而导致创新失败和管理混乱（Cunha et al.，1999）。从组织角度看，如果将即兴作为应对突发事件的常规手段，可能引发组织对即兴的重度依赖，反而会导致管理的恶化，不利于组织创新。未来研究可关注即兴混乱的机制，即兴如何通过焦虑与倦怠感受从而使组织成员承压，最终影响他们的创新绩效。考虑到组织文化、结构和领导方式的作用（马鸿佳等，2021），未来还可探索即兴导致混乱的边界条件，从而提出相应的干预对策与措施等。

本研究发现影响科研人员即兴发挥和创新绩效的最小结构环境呈现倒“U”形，即只有处于“适度”水平的最小结构才能促进科研人员即兴发挥对创新绩效的正向影响。这一结论与已有研究明显不同。小样本质性分析表明，这可能源于中国社会普遍存在的高权力距离文化，以及注重结果的绩效考核机制。但是这一结论是否具有普适性与推广性，还有待进一步验证。高权力距离文化和绩效主义影响即兴能力发挥的内在机理，也有待检验。一方面权威崇尚在帮助员工分担责任的同时，也削弱了员工的工作自主性；另一方面 KPI 如何在指明工作方向的同时，也抑制了员工即兴和创新。另外，按照 Hofstede（2010）的文化维度研究，中国属于低不确定规避的国家，人们可以坦然面对模糊和不确定性。这意味着在组织中无论是管理者还是科研人员，他们能够制定或接受那些较为模糊和不太清晰的工作目标，这反而会给员工即兴和创新预留了空间。未来研究可继续扩大样本范围，在二、三线城市以及不同类别的组织中进行调研，以增强结论的适用性。

本研究中对最小结构的衡量是通过自主性和目标清晰性两个维度进行的，这意味着只有二者均达到高水平，才能实现“最小边界内的最大自由”。但是，最小结构本质上具有矛盾性和辩证性（Vera et al.，2016），即自由和控制处于同一个连续统一体的两端，呈现出此消彼长的强烈负相关关系（Weick，1998b）。未来可探索最小结构倒“U”形曲线模型的拐点来确定自由与控制的最佳水平，从而实现科研人员即兴对创新的最大促进作用。

本研究发现经验和创新对个体即兴能力的形成分别具有促进作用。来自个体经验的“旧”知识与来自外部渠道的“新”知识并存，这体现了即兴过程中探索性创新与利用性创新的平衡。这说明研发人员可以通过利用和重组现有的方法和流程，探索开发出解决突发问题或情境的新方案。未来研究可以进一步探讨经验和创新如何相互作用，从而共同作用于即兴与创新。

在研究设计方面，本研究是从个体层面研究科研人员的即兴与创新，并从知识管理角度探索了即兴能力的形成机制，以及即兴对创新的作用路径。但是，知识的交互和转移不仅发生在个体之间，还可能发生在个体到团队、团队到团队以及团队到组织的不同层面。Magni 等（2009）也认为，即兴研究应当采用跨层次分析方法，考虑个体中所包含的团队因素对员工即兴的影响机理。因为团队成员间的互动可能会影响到个体利用自身的认知、情感或社会资源等应对紧急情况，跨层次研究则能够控制这种影响。因此，未来研究可以在团队、组织等多个层面进行跨层次分析，以进一步厘清即兴与创新的相关研究结论，丰富知识管理的相关研究内容。

在数据收集上，本研究中所有变量的测量都采取自我报告的方法。由于科研人员的创新能力评定较为困难，采用自我汇报式的自评方式难免导致高估或者由于对评价指标的理解不同而产生评价结果的偏差。尽管所有数据都通过了同源偏差检验，但如果能采集配对数据源（如企业人力资源经理、科研人员的直接上级和科研人员本人同时提供数据）将可能更好地检验研究假设。采用自评、他评等多种方法结合进行测量，能更加全面地了解变量之间的关系，减小共同方法偏差对研究结果的影响。另外，由于我们的男性样本数量远多于女性样本，存在显著的性别不平衡问题。这也是因为在中国研发领域中的男女比例本就差异悬殊，男性研发人员远多于女性，但是样本的性别不平衡确实可能会对研究结论产生影响，所以在未来即兴和创新的相关研究中，需要考虑性别平衡问题。

参考文献

［1］曹光明，陈启杰，武文珍．组织即兴的概念内涵、研究视角及理论演进探析［J］．外国经济与管理，2012，34（8）：35－42.

［2］陈菲琼．我国企业与跨国公司知识联盟的知识转移层次研究［J］．科研管理，2001（2）：66－73.

［3］陈进华，张晨．建立多点支撑的本科生科研能力训练新格局［J］．中国高等教育，2019，4（17）：54－56.

［4］陈劲，刘振．开放式创新模式下技术超学习对创新绩效的影响［J］．管理工程学报，2011，25（4）：1－7.

［5］陈劲，邱嘉铭，沈海华．技术学习对企业创新绩效的影响因素分析［J］．科学学研究，2007，25（6）：1223－1232.

［6］陈劲．创新管理及未来展望［J］．技术经济，2013，32（6）：1－9，84.

［7］陈彦亮，高闯．基于组织双元能力的惯例复制机制研究［J］．中国工业经济，2014（10）：147－159.

［8］陈钰芬，陈劲．开放式创新促进创新绩效的机理研究［J］．科研管理，2009，30（4）：1－9，28.

［9］陈钰芬．开放式创新：提升中国企业自主创新能力［J］．科学学与科学技术管理，2009，30（4）：81－86.

［10］陈耘，赵富强，周槿晗．AUO－AHRP 对组织创新绩效的影响研究——知识转移与社会资本的作用［J］．科研管理，2022，43（5）：164－171.

［11］池仁勇．区域中小企业创新网络的结点联结及其效率评价研究

[J]. 管理世界, 2007 (1): 105 - 112.

[12] 储节旺, 周绍森, 谢阳群等. 知识管理概论 [M]. 北京: 清华大学出版社, 北京交通大学出版社, 2006.

[13] 储节旺. 国内外知识管理理论发展与流派研究 [J]. 图书情报工作, 2007 (4): 80 - 83.

[14] 单标安, 蒲怡, 闫双慧, 等. 不确定性情境下即兴能力对科技型新企业绩效的影响研究 [J]. 管理学报, 2021, 18 (7): 1032 - 1039.

[15] 党兴华, 段发明. 组织惯例微观认知基础前沿探析与展望 [J]. 山西大学学报 (哲学社会科学版), 2014, 37 (5): 99 - 104.

[16] 傅家骥, 施培公. 技术积累与企业技术创新 [J]. 数量经济技术经济研究, 1996 (11): 70 - 73.

[17] 高鹏斌, 于渤, 吴伟伟. 基于作者共被引分析法的即兴领域知识结构研究 [J]. 技术经济, 2013, 32 (11): 1 - 8.

[18] 高鹏斌. 团队即兴及其对新产品开发绩效的影响机制研究 [D]. 哈尔滨工业大学, 2013.

[19] 高展军, 陈锋. 波动环境下显性知识对组织能力的影响研究 [J]. 新西部 (下半月), 2009 (12): 95 - 96.

[20] 谷静茹, 付永刚. 国企管理者认知风格、组织学习与组织惯例更新的关系研究 [J]. 科技与管理, 2017, 19 (1): 90 - 97.

[21] 郭润萍, 蔡莉. 转型经济背景下战略试验、创业能力与新企业竞争优势关系的实证研究 [J]. 外国经济与管理, 2014, 36 (12): 3 - 12.

[22] 海本禄. 张流洋, 张古鹏. 基手环境动荡性的联盟知识转移与企业创新绩效关系研究 [J]. 中国软科学, 2017 (11): 157 - 164.

[23] 韩翼, 廖建桥, 龙立荣. 雇员工作绩效结构模型构建与实证研究 [J]. 管理科学学报, 2007 (10): 62 - 77.

[24] 郝彤亮, 杨雨萌, 孙维. 博士生科研项目参与对科研创新能力影响的实证研究 [J]. 高教探索, 2020, 4 (9): 50 - 57.

[25] 何存玉, 李玉琼. 变革型领导风格、组织即兴与组织创新的关系研

究 [J]. 价值工程, 2015, 34 (6): 1-5.

[26] 何辉, 肖慧芹. 天生具备, 还是后天培养? ——组织中的即兴能力开发 [J]. 清华管理评论, 2017 (12): 48-55.

[27] 何辉, 闫柳媚. 研发人员即兴行为、实验文化与知识转移关系研究 [J]. 科技进步与对策, 2019, 36 (21): 148-154.

[28] 黄昱方, 范芸. 虚拟团队的知识交互: 认知与行为整合的关系研究 [J]. 情报理论与实践, 2012, 35 (12): 42-46.

[29] 纪晓丽, 蔡耀龙. 研发团队即兴能力与团队创新绩效关系研究——共享心智模式的调节作用 [J]. 科技进步与对策, 2013, 30 (14): 11-16.

[30] 姜文. 知识共享的障碍因素及其对策分析 [J]. 科技管理研究, 2007 (3): 200-203.

[31] 蒋日富, 霍国庆, 郭传杰. 现代知识管理流派研究 [J]. 管理评论, 2006 (10): 23-29, 53, 63.

[32] 解学梅. 中小企业协同创新网络与创新绩效的实证研究 [J]. 管理科学学报, 2010, 13 (8): 51-64.

[33] 居佳. 基于 MOA 模型的工程项目团队内知识转移研究 [D]. 北京交通大学, 2020.

[34] 黎赔肆, 焦豪. 动态环境下即兴对创业导向的影响机制研究 [J]. 管理学报, 2014, 11 (9): 1366-71.

[35] 李春浩, 牛雄鹰. 国际外派人员知识转移的影响因素述评 [J]. 科技与经济, 2020, 33 (4): 71-75.

[36] 李锋亮, 王瑜琪. 研究生教育规模对国家创新能力的影响——与本专科教育规模的比较分析 [J]. 中国高教研究, 2021 (3): 75-81.

[37] 李鸽. 创新思维的脑生理、心理协同发生机制探析 [D]. 吉林大学, 2020.

[38] 李海东. 变革型领导对员工即兴发挥行为的影响研究——以心理资本为中介变量 [J]. 中央财经大学学报, 2013, 1 (9): 78-84.

[39] 李拓晨, 乔琳, 杨萍. 企业间信任对供应链企业组织即兴的影响机

理研究——供应链柔性的中介作用与交互记忆系统的调节作用［J］. 南开管理评论，2018，21（4）：74－84.

［40］李燕萍，张海雯，陈建安. 外派人员即兴行为的开发及管控［J］. 中国人力资源开发，2010（2）：31－34.

［41］李子叶，冯根福. 组织内部知识转移机制、组织结构与创新绩效的关系［J］. 经济管理，2013，35（1）：130－141.

［42］廖建桥，文鹏，王兢岩. 从秋后算账到指点迷津：绩效管理的战略转移［J］. 中国人力资源开发，2010（2）：67－70.

［43］刘刚，梁晗，殷建瓴. 风险投资声誉、联合投资与企业创新绩效——基于新三板企业的实证分析［J］. 中国软科学，2018（12）：110－125.

［44］刘磊磊. 基于竞合互动视角的企业动态能力形成及作用机制研究［D］. 浙江大学，2008.

［45］卢从超. 时间领导如何影响团队即兴能力［D］. 辽宁：东北财经大学，2016.

［46］罗振洲，朱红. 创业导向、双元创新与组织即兴［J］. 经济论坛，2020（12）：57－66.

［47］吕潮林，彭灿，杨红. 双元学习、即兴能力和可持续发展绩效——管理者关系的调节作用［J］. 当代经济管理，2021，43（9）：40－49.

［48］马鸿佳，宋春华，葛宝山. 动态能力、即兴能力与竞争优势关系研究［J］. 外国经济与管理，2015，37（11）：25－37.

［49］马鸿佳，吴娟，郭海，等. 创业领域即兴行为研究：前因、结果及边界条件［J］. 管理世界，2021，37（5）：211－229，15.

［50］买忆媛，叶竹馨，陈淑华. 从"兵来将挡，水来土掩"到组织惯例形成——转型经济中新企业的即兴战略研究［J］. 管理世界，2015（8）：147－165.

［51］毛义华，康晓婷，方燕翎. 创新氛围与知识管理对创新绩效的影响研究［J］. 科学学研究，2021，39（3）：519－529.

［52］门一，樊耘，马贵梅等. 基于自我决定理论对新一代人力资本即兴

行为形成机制的研究［J］．管理评论，2015，27（11）：132－139.

［53］孟军，白钰莹，张战国，等．数学建模竞赛对大学生创新能力的影响［J］．科技管理研究，2021，41（22）：205－212.

［54］潘宇鹏，宋雅莼．创造性思维初探［J］．科学学研究，1985（3）：50－55.

［55］彭正龙，王海花，蒋旭灿．开放式创新模式下资源共享对创新绩效的影响：知识转移的中介效应［J］．科学学与科学技术管理，2011，32（1）：48－53.

［56］戚永红，宝贡敏．国外知识管理研究述评［J］．科研管理，2003（6）：36－43.

［57］曲小瑜．组态视角下网络嵌入、行为策略和认知柔性对中小企业朴素式创新绩效的影响研究［J］．管理学报，2021，18（12）：1814－1821.

［58］任之光，高鹏斌．双向开放式创新及其协同、商业模式和企业创新绩效的关系研究［J］．南开管理评论，2020，32（8）：116－130.

［59］阮国祥，毛荐其，陈章良．技术型新创企业的组织即兴与创新绩效［J］．技术经济，2014，33（9）：5－9.

［60］阮国祥，毛荐其，马立强．员工即兴行为对个体创新绩效作用机制的跨层次研究——基于新能源创业企业的实证［J］．中国软科学，2015（1）：108－117.

［61］沈灏，李垣．联盟关系、环境动态性对创新绩效的影响研究［J］．科研管理，2010，31（1）：77－85.

［62］疏礼兵，贾生华．知识转移过程模式的理论模型研究述评［J］．科学学与科学技术管理，2008（4）：95－100.

［63］汤超颖，张悦强，高嘉欣．外部异质知识获取与研发团队突破性创造力［J/OL］．科学学研究：1－19［2022－07－13］.

［64］陶然，彭正龙，许涛．组织认知的即兴现象与组织创新能力研究［J］．图书情报工作，2009，53（14）：59－62.

［65］田方林，张世友．论研究生科研创新能力的培养［J］．教育评论，

2011 (5): 24-26.

[66] 田红. 真实型领导、创新自我效能感与员工创新绩效的关系研究 [D]. 苏州大学, 2012.

[67] 田真真, 王新华, 孙江永. 创新网络结构、知识转移与企业合作创新绩效 [J]. 软科学, 2020, 34 (11): 77-83.

[68] 汪克强, 古继宝. 企业知识管理 [M]. 合肥: 中国科学技术大学出版社, 2005.

[69] 王高峰, 杨浩东, 汪琛. 中国研发人员性别结构分布演变、关联影响与差异来源——基于半参数核回归与 Oaxaca 分解的研究 [J/OL]. 科技进步与对策: 1-9 [2022-04-20].

[70] 王军, 曹光明, 江若尘. 组织即兴的形成机制研究: 基于社会网络和组织学习理论 [J]. 外国经济与管理, 2016, 38 (2): 33-48.

[71] 王军, 曹光明等. 组织即兴与企业绩效的关系研究 [J]. 山西财经大学学报, 2016 (4): 62-73.

[72] 王开明, 万君康. 论知识的转移与扩散 [J]. 外国经济与管理, 2000, 25 (10): 2-7.

[73] 王润良, 郑晓齐. 非正式团体: 知识传播的有效途径 [J]. 科研管理, 2001 (4): 39-45.

[74] 王文静. 促进学习迁移的策略研究 [J]. 教育科学, 2004 (2): 26-29.

[75] 王永贵, 马双, 杨宏恩. 服务外包中创新能力的测量、提升与绩效影响研究——基于发包与承包双方知识转移视角的分析 [J]. 管理世界, 2015 (6): 85-98.

[76] 王永伟, 马洁, 吴湘繁, 刘胜春. 变革型领导行为、组织学习倾向于组织惯例更新的关系研究 [J]. 管理世界, 2012 (9): 110-119.

[77] 王志玮, 陈劲. 知识管理——电子政府成功的利器 [J]. 科技进步与对策, 2003, 20 (3): 19-21.

[78] 王众托. 元决策: 支持决策科学化与民主化的手段 [J]. 管理学

报，2007，4（2）：127－134.

［79］卫汉华，田也壮，张曙．产品创新度研究评述［J］．中国制造业信息化，2011，40（3）：1－5.

［80］魏江，王铜安．个体、群组、组织间知识转移影响因素的实证研究［J］．科学学研究，2006（1）：91－97.

［81］吴东，裘颖．团队即兴能力与创新能力的关系研究［J］．科学管理研究，2010，28（6）：23－27.

［82］熊彼特．经济发展理论［M］．邹建平，译．北京：中国画报出版社，2012.

［83］熊彼特．资本主义、社会主义和民主［M］．杨中秋，译．北京：电子工业出版社，2013：79.

［84］熊立，杨勇，贾建锋．“能做”和“想做”：基于内驱力的双元创业即兴对双创绩效影响研究［J］．管理世界，2019，35（12）：137－151.

［85］徐二明，肖建强，李维光．创业中的合法性阈值跨越过程研究［J］．管理学报，2018，15（4）：475－484.

［86］徐光，张雪，田也壮．即兴创新视角下的科研团队创造力提升研究［J］．科学管理研究，2015，33（4）：95－97，116.

［87］徐金发，许强，顾惊雷．企业知识转移的情境分析模型［J］．自然辩证法通讯，2003（2）：51－56，111.

［88］杨淋芳．音乐治疗中钢琴即兴演奏的作用与影响综述［J］．艺术评鉴，2020（13）：168－170.

［89］姚艳虹，衡元元．知识员工创新绩效的结构及测度研究［J］．管理学报，2013（1）：97－102.

［90］叶茂林，刘宇，王斌．知识管理理论与运作［M］．北京：社会科学文献出版社，2003.

［91］叶竹馨，买忆媛．探索式即兴与开发式即兴：双元性视角的创业企业即兴行为研究［J］．南开管理评论，2018，21（4）：15－25.

［92］叶竹馨，买忆媛，王乐英．创业企业即兴行为研究现状探析与未来

展望［J］. 外国经济与管理，2018，40（4）：16－29，55.

［93］尤霄. 即兴演奏式音乐治疗对自闭症儿童的影响［J］. 艺术评鉴，2016（1）：132－134.

［94］余维新，熊文明，黄卫东，顾新. 创新网络关系治理对知识流动的影响机理研究［J］. 科学学研究，2020，38（2）：373－384.

［95］余伟. 创新能力培养与应用［M］. 北京：航空工业出版社，2004.

［96］韵江，马文甲，陈丽. 开放度与网络能力对创新绩效的交互影响研究［J］. 科研管理，2012，33（7）：8－15.

［97］张勉. 自由源于自律：作为组织即兴实践的合弄制［J］. 清华管理评论，2017（5）：75－83.

［98］张明，江旭，高山行. 战略联盟中组织学习、知识创造与创新绩效的实证研究［J］. 科学学研究，2008，26（4）：868－873.

［99］张勤，马费成. 国外知识管理研究范式——以共词分析为方法［J］. 管理科学学报，2007（6）：65－75.

［100］张爽，陈晨. 创新氛围对创新绩效的影响——知识吸收能力的中介作用［J］. 科研管理，2022，43（6）：113－120.

［101］赵宏源. 交互视角下的知识输出探析［J］. 中国传媒科技，2019（6）：22－24，112.

［102］赵丽梅，张庆普. 我国知识管理研究前沿演进趋势知识图谱［J］. 科学学与科学技术管理，2012，33（1）：90－98.

［103］赵曙明，沈群红. 知识企业与知识管理［M］. 南京：南京大学出版社，2000.

［104］仲秋雁，曲刚，宋娟，闵庆飞. 知识管理流派特征分析及内涵界定［J］. 研究与发展管理，2010，22（2）：80－88.

［105］周健明，张新圣，周永务. 资源拼凑、团队即兴与初创企业新产品开发绩效［J］. 科研管理，2019，40（1）：52－60.

［106］周密，赵文红，姚小涛. 社会关系视角下的知识转移理论研究评述及展望［J］. 科研管理，2007（3）：78－85.

[107] 朱晓琴．企业网络能力、跨组织知识管理与创新绩效的关系研究［D］．成都：西南财经大学，2011.

[108] 朱祖平．刍议知识管理及其体系框架［J］．科研管理，2000（1）：19－25.

[109] Abell P, Felin T, Foss N. Building micro－foundations for the routines, capabilities, and performance links［J］. Managerial and Decision Economics, 2008, 29（6）：489－502.

[110] Abraham Flexner. Universities：American, English, German［M］. Oxford University Press, 1930：348.

[111] Ahangama N, Prasanna R. Knowledge Improvisation during Floods［C］3rd International Moratuwa Engineering Research Conference. Univ Moratuwa, Katubedda, SRI LANKA, 2017.

[112] Akgün A E, Lynn G S. New product development team improvisation and speed－to－market：An extended model［J］. European Journal of Innovation Management, 2002, 5（3）：117－129.

[113] Alavi M and Leidner D E. Knowledge management and knowledge management systems：Conceptual foundations and research issues［J］. MIS Quarterly, 2001, 25（1）：107－136.

[114] Alavi M, Leidner D E, 郑文全．知识管理和知识管理系统：概念基础和研究课题［J］．管理世界，2012（5）：157－169.

[115] Alavi M, Tiwana A. Knowledge integration in virtual teams：the potential role of KMS［J］. Journal of the American Society for Information Science and Technology, 2002, 53（12）：1029－1037.

[116] Ali E. Akgün, John C. Byrne, Gary S. Lynn, Halit Keskin. New product development in turbulent environments：impact of improvisation and unlearning on new product performance［J］. Journal of Engineering and Technology Management, 2007, 24（4）：203－230.

[117] Anna－Maija Nisula and Aino Kianto. The role of knowledge manage-

ment practices in supporting employee capacity for improvisation [J]. The International Journal of Human Resource Management, 2016, 27 (17): 1920 - 1937.

[118] Argote L, Ingram P. Knowledge Transfer: A Basis for Competitive Advantage in Firms [J]. Organizational Behavior and Human Decision Processes, 2000, 82 (1): 150 - 169.

[119] Argote, L. Input uncertainty and organizational coordination in hospital emergency units [J]. Administrative Science Quarterly, 1982, 27: 420 - 434.

[120] Argyris C. Good communication that blocks learning [J]. Harvard Business Review, 1994, 72: 77 - 85.

[121] Arias - Pérez, J. and Cepeda - Cardona, J. Knowledge management strategies and organizational improvisation: what changed after the emergence of technological turbulence caused by artificial intelligence? [J]. Baltic Journal of Management, 2022, 17 (2): 250 - 265.

[122] Ashworth M. J., Argote L., Mukhopadhyay T. The effect of information technology on Organizational learning and knowledge retention and transfer [M]. Working Paper, Carnegie Mellon University, 2006.

[123] Aylesworth A. Improving Case Discussion With an Improv Mind - Set [J]. Journal of Marketing Education, 2008, 30 (2): 106 - 115.

[124] Baker T, Aldrich H E. Bricolage and resource - seeking: Improvisational responses to dependence in entrepreneurial firms [R]. Working Paper, School of Business, University of Wis - consin - Madison, 2000.

[125] Baker T, Miner A S, Eesley D T. Improvising firms: bricolage, account giving and improvisational competencies in the founding process [J]. Research Policy, 2003, 32 (2): 255 - 276.

[126] Baker T, Nelson R E. Creating something from nothing: Resource construction through entrepreneurial bricolage [J]. Administrative Science Quarterly, 2005, 50 (3): 329 - 366.

[127] Balachara L. The improvisational entrepreneur: improvisation training in

entrepreneurship education [J]. Journal of Small Business Management, 2018, 0 (0): 1-18.

[128] Barfinger B R, Bluedom A C. The Relationship between Corporate Entrepreneurship and Strategic Management [J]. Strategic Management Journal, 1999, 20 (5): 421-444.

[129] Barley, S. R. Technology as an occasion for structuring: evidence from observations of CT scanners and the social order of radiology departments [J]. Administrative Science Quarterly, 1986, 31: 78-108.

[130] Barrett F J. Creativity and Improvisation In Jazz and Organizations: Implications for Organizational Learning [J]. Organization Science, 1998, 9 (5): 605-622.

[131] Baruch, Y. and Leeming, A. The added value of MBA studies-graduates' perceptions [J]. Personnel Review, 2001, 30 (5): 589-602.

[132] Bassi. L J. Harnessing the power of intellectual capital [J]. Training and Development, 1997, 51 (12): 25-30.

[133] Bastien D T, Hostager T J. Jazz as a process of organizational innovation [J]. Communication Research, 1988, 15 (5): 582-602.

[134] Bauer, P. J. and Souci, P. S. Going beyond the facts: Young children extend knowledge by integrating episodes [J]. Journal of Experimental Child Psychology, 2010, 107 (4): 452-465.

[135] Beaty R E. The neuroscience of musical improvisation [J]. Neuroscience and Biobehavioral Reviews, 2015, 51: 108-117.

[136] Bell, G. G. Clusters, Networks, and Firm Innovativeness [J]. Strategic Management Journal, 2005, 26: 287-295.

[137] Beneito P. The innovative performance of in house and contracted R&D in terms of patents and utility models [J]. Research Policy, 2006, 35 (4): 502-517.

[138] Bergeron B.. Essentials of Knowledge Management [M]. Hoboken:

John Wileyand Sons, 2003.

[139] Berkowitz A L. The Improvising mind: cognition and creativity in the musical moment [M]. New York, 2010.

[140] Besemer S P, O'Quin K. Creative product analysis: Testing a model by developing a judging instrument [J]. Frontiers of creativity research: Beyond the basics, 1987: 367 -389.

[141] Best S, Gooderham P. Improvisation: A legitimate strategy in the face of adversity [J]. Small Enterprise Research, 2015, 22 (1): 49 -68.

[142] Biasutti M, Mangiacotti A. Assessing a cognitive music training for older participants: a randomised controlled trial [J]. International Journal of Geriatric Psychiatry, 2017, 33: 271 -278.

[143] Biasutti M. Improvisation in dance education: teacher views [J]. Research in Dance Education, 2013, 14 (2): 120 -140.

[144] Biasutti M. Teaching improvisation through processes. Applications in music education and implications for general education [J]. Frontiers in Psychology, 2017, 8: 911.

[145] Biddle M. Organizational Learning in a Fire and Emergency Training Centre: Examining Knowledge Creating Activity [M]. University of Alberta, Edmonton, 2004.

[146] Bloodgood J M, Salisbury W D. Understanding the Influence of Organizational Change Strategies on Information Technology and Knowledge Management Strategies [J]. Decision Support Systems, 2001, 31 (1): 55 -69.

[147] Bock G. W. , Kim Y. G. Breaking the Myths of Reward: An Exploratory Study of Attitudes about Know sharing [J]. Information Resource Management Journal, 2002, 15 (2): 14 -21.

[148] Bresman H, Birkinshaw J, Nobel R. Knowledge Transfer in International Acquisitions [J]. Journal of International Business Studies, 2010, 30 (1): 439 -462.

［149］ Bresman, H. External learning activities and team performance: a multimethod field study ［J］. Organization Science, 2009, 21 (1): 81 –96.

［150］ Brown S L, Eisenhardt K M. The art of continuous change: linking complexity theory and time – paced evolution in relentlessly shifting organizations ［J］. Administrative Science Quarterly, 1997, 42: 1 –34.

［151］ Brown S. L. , Eisenhardt K. M. . Competing on the Edge: Strategy as Structured Chaos ［J］. Journal of Neuro – ophthalmology, 1998, 31 (5): 786 – 789.

［152］ Brown, S. L. and Eisenhardt, K. M. Product development: past research, present findings and future directions ［J］. Academy of Management Review, 1995, 20 (2): 343 –378.

［153］ Burnard, P. Musical Creativities in Practice ［M］. Oxford: Oxford University Press, 2012.

［154］ Burroughs J E, Moreau C P, Mick D G. Toward a Psychology of Consumer Creativity ［M］. New York: Routledge, 2008.

［155］ Caldwell, David F, O'Reilly et al. , The determinants of team – based innovation in organizations ［J］. Small Group Research, 2003, 4 (34): 497 –517.

［156］ Carly K M. Artificial intelligence within sociology ［J］. Sociological methods research, 1996, 25 (1): 3 –30.

［157］ Catherine C, Helen O M, Stefan P, et al. , A systematic review of music therapy practice and outcomes with acute adult psychiatric In – patients ［J］. Plos One, 2013, 8 (8): e70252.

［158］ Cavusgil S T, Calantone R J, Zhao Y. Tacit knowledge transfer and firm innovation capability ［J］. The Journal of Business and Industrial Marketing, 2003, 18 (1): 6 –21.

［159］ Christopher John Medlin. Interaction in business relationships: A time perspective ［J］ Industrial Marketing Management, 2004, 33 (3): 185 –193.

［160］ Christopoulos T P, Wilner A, Bestetti M L T. Experimental Learning

Enhancing Improvisation Skills [J]. Learning Organization, 2016, 23 (6): 415 - 428.

[161] Cohen W. M. , Levinthal D. A. Absorptive Capacity: A New Perspective on Learning and Innovation [J]. Administrative Science Quarterly, 1990. 35: 128 - 152.

[162] Coleman, J. S. Foundations of social theory [M]. Cambridge, MA: Belknap, 1990.

[163] Collis, D. J. Research note: how valuable are organizational capabilities? [J]. Strategic Management Journal, 1994, 15: 143 - 152.

[164] Coulson A N, Burke B M. Creativity in the elementary music classroom: a study of students' perceptions [J]. International Journal of Music Education, 2013, 31 (4): 428 - 441.

[165] Crossan M, Sorrentim. Making Sense of Improvisation, Advances in Strategic Management [M]. Greenwhich, CT: JAI Press, 1997: 155 - 180.

[166] Crossan, M. M. , Cunha, M. P. E. , Vera D. Time and organizational improvisation [J]. Academy of Management Review, 2005, 30 (1): 129 - 145.

[167] Cunha M P E, Cunha J V D, Kamoche K. Organizational Improvisation: what, when, how and why [J]. International Journal of Management Reviews, 2003, 1 (3): 299 - 341.

[168] Cunha M P E, Kamoche K. Organizational Improvisation [M]. London: Routledge, 2002.

[169] Cunha M P, Gomes E, Mellahik, et al. , Strategic agility through Improvisational in Capbilities: implications for a paradox - sensitive HRM [J]. Human Resource Management Review, 2019, 30 (1): 100695.

[170] Cunha M P, João Vieira da Cunha and Ken Kamoche. Organizational improvisation: what, when, how and why [J]. International Journal of Management Reviews, 1999, 1 (3): 299 - 341.

[171] Cyert R M, March JG. A behavioral theory of the firm: Englewood

Cliffs [M]. NJ: Prentice - Hall, 1963.

[172] Dahl D, Chattopadhyay A, Gorn G. The Use of Visual Mental Imagery in New Product Design [J]. Journal of Marketing Research, 1999, 36 (18): 10.

[173] Dahl, D. W., and Moreau, P. The Influence Thinking and During Value New of Analogical Ideation Product [J]. Journal of Marketing Research, 2002, 39 (1): 47 - 60.

[174] Daly A, Grove S J, Dorsch M J, et al., The impact of improvisation training on service employees in a European airline: a case study [J]. European Journal of Marketing, 2009, 43 (3 - 4): 459 - 472.

[175] Daniel G B, Ryan G. A dual - process contingency model of leadership, transactive memory systems and team performance [J]. 2019, 96: 297 - 308.

[176] Davenport T H. and Prusak L.. Working Knowledge: How Organizations Manage What They Know [M]. Boston: Harvard Business School Press, 1998.

[177] David J. S. Knowledge Networking: Creating the Collaborative Enterprise [M]. UK: Oxford University Press, 1999.

[178] Davis J P, Eisenhardt K M, Bingham C B. Optimal Structure, Market Dynamism, and the Strategy of Simple Rules [J]. Administrative Science Quarterly, 2009, 54: 413 - 452.

[179] Day G S. The capabilities of market - driven organizations [J]. Journal of Marketing, 1994, 58 (4): 37 - 52.

[180] Degli Stefani M, Biasutti M. Effects of music therapy on drug therapy of adult psychiatric outpatients: a pilot randomized controlled study [J]. Frontiers in Psychology, 2016, 7: 1518.

[181] Denys Bernard, Alexandre Arnold. Cognitive interaction with virtual assistants: From philosophical foundations to illustrative examples in aeronautics [J]. Computers in Industry, 2019, 107: 33 - 49.

[182] Di Domenico M L, Haugh H, Tracey P. Social bricolage: Theorizing social value creation in social enterprises [J]. Entrepreneurship Theory and Prac-

tice, 2010, 34 (4): 681 -703.

[183] Doris Schartinger, Christian Rammer, Manfred M. Fischer, Josef Fröhlich. Knowledge interactions between universities and industry in Austria: sectoral patterns and determinants [J]. Research Policy, 2002, 31 (3): 303 -328.

[184] DuBrin, A. J. Essentials of management [M]. Cincinnati: South - Western Publishing, 2000.

[185] Duncker K, Lees L S. On problem - solving [J]. Psychological monographs, 1945, 58 (5) .

[186] Earl. M. J. Knowledge Management Strategies: Toward a Taxonomy [J]. Journal of Management Information Systems, 2001, 18 (1): 215 -233.

[187] Eisenhardt KM, Graebner ME. Theory building from cases: Opportunities and challenges [J]. Academy of Management Journal, 2007, 50 (1): 25 - 32.

[188] Eisenhardt K, M. , Sull D N. Strategy as Simple Rules [J]. Harvard Business Review, 2001 Jan, 79 (1): 106 -16, 176.

[189] Eisenhardt K. M. , Martin J. A. Dynamic Capabilities: What are They? [J]. Strategic Management Journal, 2000, 21: 1105 -1121.

[190] Eugenia Y. Huang, Travis K. Huang. Exploring the effect of boundary objects on knowledge interaction [J]. Decision Support Systems, 2013, 56: 140 - 147.

[191] Faraj S, et al. , Coordinating expertise in software development teams [J]. Management Science, 2000, 46 (12): 1554 -1568.

[192] Felin T, Foss N J. Strategic organization: a field in search of micro - foundations [J]. Strategic Organization, 2005, 3 (4): 441 -455.

[193] Felin, T. , Hesterly, W. S. The knowledge - based view, nested heterogeneity, and new value creation: philosophical considerations on the locus of knowledge [J]. Academy of Management Review, 2007, 32: 195 -218.

[194] Felin, T, et al. , Microfoundations of routines and capabilities: indi-

viduals, processes, and structure [J]. Journal of Institutional Economics, 2012, 49 (8): 1351 - 1374.

[195] Ferraris A, Santoro G, Dezi L. How MNC's Subsidiaries may Improve Their Innovative Performance—The Role of External Sources and Knowledge Management Capabilities [J]. Journal of Knowledge Management, 2017, 21 (3): 540 - 552.

[196] Fink A, Benedek M, Grabner R H, Staudt B, Neubauer A C. Creativity meets neuroscience: Experimental tasks for the neuroscientific study of creative thinking [J]. Methods, 2007, 42 (1): 68 - 76.

[197] Førde A. Female entrepreneurship in a West African context: network, improvisation and dependency [J]. Journal of International Women's Studies, 2013, 14 (3): 83 - 95.

[198] Foss N J. Why micro - foundations for resource - based theory are needed and what they may look like [J]. Journal of Management, 2011, 37 (5): 1413 - 1428.

[199] Foss, N. J. Selective intervention and internal hybrids: interpreting and learning from the rise and decline of oticon spaghtetti organization [J]. Organization Science, 2003, 14: 331 - 449.

[200] Freeman C. The economics of industrial innovation [M]. Routledge, 1982.

[201] Gavetti G, Rivkin J W. How strategists really think. Tapping the power of analogy [J]. Harvard Business Review, 2005, 83 (4): 54 - 63, 132.

[202] Gherardi S, Nicolini D. To transfer is to transform: the circulation of safety knowledge [J]. Organization, 2000, 7 (2): 329 - 348.

[203] Gilbert, M. and Cordey - Hayes, M. Understanding the process of knowledge transfer to achieve successful technological innovation [J]. Technovation, 1996, 16 (6): 301 - 312.

[204] Gioia D A, Poole P P. Scripts in organizational behavior [J]. Acade-

my of Management Review, 1984, 9 (3): 449 –459.

[205] Gold C, Solli H P, Viggo Krüger, et al. , Dose – response relationship in music therapy for people with serious mental disorders: systematic review and meta – analysis. [J]. Clinical Psychology Review, 2009, 29 (3): 193 –207.

[206] Goldenberg J, Mazursky, Solomon S. Creativity Templates: Towards Identifying the Fundamental Schemes of Quality Advertisements [J]. 1999, 36: 200 –210.

[207] Grant, R. M. Toward a knowledge – based theory of the firm [J]. Strategic Management Journal, 1996, 17 (2): 109 –122.

[208] Groysberg, B. , Lee, L. E. Hiring stars and their colleagues: exploration and exploitation in professional service firms [J]. Organization Science, 2009, 20: 740 –758.

[209] Guilford J P. Psychometric methods [M]. McGraw – Hill, 1954.

[210] Gupta A K, Govindarajan V. Knowledge flows within multinational corporations [J]. Strategic Management Journal, 2000, 21 (4): 473 –496.

[211] Hagedoorn J, Cloodt M. Measuring innovative performance: is there an advantage in using multiple indicators [J] Research Policy, 2003, 32 (8): 1365 – 1379.

[212] Hamel, G. and Breen, B. The Future of Management [D]. Boston MA: Harvard Business School Press, 2007.

[213] Hansen M T. The Search – Transfer Problem: The Role of Weak Ties in Sharing Knowledge across Organization Subunits [J]. Administrative Science Quarterly, 1999, 44 (1): 82 –111.

[214] Hargadon, A. , R. I. Sutton. Technology brokering and innovation in a product development firm [J]. Administrative Science Quarterly, 1997, 42 (4): 716 –749.

[215] Hatch M J. Jazzing up the theory of organizational improvisation [J]. Advances in Strategic Management, 1997, 14: 181 –19.

[216] Hatch, M. J. Jazz as a metaphor for organizing in the 21st century [J]. Organization Science, 1998, 9: 556 – 557.

[217] Hayaeian, S., Hesarzadeh, R. and Abbaszadeh, M. R. The impact of knowledge management strategies on the relationship between intellectual capital and innovation: evidence from SMEs [J]. Journal of Intellectual Capital, 2021.

[218] Heavy C, Simsek Z. Transactive memory systems and firm performance: an upper echelons perspective [J]. Organization Science, 2015, 26 (4): 941 – 959.

[219] Heeks R. Information Systems and Developing Countries: Failure, Success, and Local Improvisations [J]. The Information Society, 2002, 18 (2): 101 – 112.

[220] Helfat, C. E., Winter, S. G. Untangling Dynamic and Operational Capabilities: Strategy for the (N) ever – Changing World [J]. Strategic Management Journal, 2011, 32: 1243 – 1250.

[221] Hmieleski K H, Corbett A C. Proclivity for Improvisation As a Predictor of Entrepreneurial Intentions [J]. Journal of Small Business Management, 2006, 44 (1): 45 – 63.

[222] Hmieleski, K. M. and Corbett, A. C. The Contrasting Interaction Effects of Improvisational Behavior with Entrepreneurial Self – efficacy on New Venture Performance and Entrepreneur Work Satisfaction [J]. Journal of Business Venturing, 2008, (23): 482 – 496.

[223] Hmieleskik M, Baronra. Regulatory focus and new venture performance: a study of entrepreneurial opportunity exploitation under conditions of risk versus uncertainty [J]. Strategic Entrepreneurship Journal, 2008, 2 (4): 285 – 299.

[224] Hofstede G. 文化与组织：心理软件的力量 [M]. 北京：中国人民大学出版社，2010.

[225] Hogan R, Warrenfeltz R. Educating the Modern Manager [J]. Acade-

my of Management Learning and Education, 2017, 2 (1): 74 –84.

[226] Holtham C, Courtney N. Developing managerial learning styles in the context of the strategic application of information and communications technologies [J]. International Journal of Training and Development, 2001, 5 (1): 22 –34.

[227] Honeycutt J. Knowledge Management Strategies [M]. Redmond, Washington: Microsoft Press, 2000.

[228] Hoopes D. G., Postrel S. Shared knowledge, "glitches", and product development performance [J]. Strategic Management Journal, 1999, 20: 837 – 865.

[229] Howard –grenville, J. A. The persistence of flexible organizational routines: the role of agency and organizational context [J]. Organization Science, 2005, 16 (6): 618 –636.

[230] Hsu M. H, Flowerdew R, Parker M, et al., Individual music therapy for managing neuropsychiatric symptoms for people with dementia and their carers: a cluster randomised controlled feasibility study [J]. BMC Geriatr, 2015, 15: 84.

[231] Huffaker J S. and West E. Enhancing Learning in the Business Classroom: An Adventure with Improv Theater Techniques [J]. Journal of Management Education, 2005, 29 (6): 852 –869.

[232] Hutchins, E. Organizing Work by Adaptation [J]. Organization Science, 1991, 2: 14 –39.

[233] Imran A, Ismail G, Ahmad A. Achieving resilience through knowledge management practices and risk management culture in agri –food supply chains [J]. Supply Chain Management, 2021, ahead –of –print.

[234] Inkpen A C, Tsang E W K. Social Capital, Networks and Knowledge Transfer [J]. Academy of Management Review, 2005, 30 (1): 146 –165.

[235] Janssen O. Job demands, perceptions of effort –reward fairness, and innovative work behavior [J]. Journal of Applied Psychology, 2000, 84: 680 – 694.

[236] Janz B. D. , Colquitt J. A. , Noe R. A. Knowledge worker team effectiveness: The role of autonomy, interdependence, team development, and contextual support variables [J]. Personnel Psychology, 1997, 50: 877 -904.

[237] Jensen M C, Meckling W H. Specific and general knowledge, and organizational structure. In Paul S. Myers (Ed.), Knowledege management and organizational design [C]. Newton, MA: Butterworth - Heinemann, 1996: 17 -37.

[238] Jewell, L. N. , and Reitz, H. J. Group effectiveness in organizations [M]. Glenview, IL: Scott, Foresman, 1981.

[239] Johnstone k, Wardle I. Improvisation and the Theatre [D]. New York: Routledge, 1979.

[240] Jordanous A, Keller B. What makes musical improvisation creative [J]. Journal of Interdisciplinary Music Studies, 2012, 2 (6): 151 -175.

[241] Jung X T, Newton R. Cochrane reviews of non - medication - based psychotherapeutic and other interventions for schizophrenia, psychosis, and bipolar disorder: a systematic literature review [J]. International Journal of mental Health Nursing, 2009, 18: 239 -249.

[242] Kafouros MI, Buckley PJ, Sharp JA, Wang CQ. The role of internationalization in explaining innovation performance [J]. Technovation, 2008, 28 (1 -2): 63 -74.

[243] Kamoche K, Cunha M P. Minimal structures: from jazz improvisation to product innovation [J]. Organization Studies, 2001, 22: 733 -764.

[244] Karayev R. A. , Sadikhova N. Yu. The advantages of cognitive approach for enterprise management in modern conditions [J]. Business Informatics, 2020, 14 (2): 36 -47.

[245] Keeney B P, Tyler S A, Tyler M G, et al. , Improvisational Therapy [M]. New York: Guilford publication, 1990.

[246] Kianto A. , Shujahat M. , Hussain S. , Nawaz F, and Ali M. The impact of knowledge management on knowledge worker productivity [J]. Baltic Jour-

nal of Management, 2019, 14 (2): 178 - 197.

[247] Kirsten B, Du Preez R. Improvisational Theatre as Team Development Intervention for Climate for Work group innovation [J]. SA Journal of Industrial Psychology, 2010, 36 (1).

[248] Koppett K. Business and the art of improvisation Manager [J]. British Journal of Administrative Management, 2002, 1 (33): 26.

[249] Kumar A, Ganesh L S. Inter - individual knowledge transfer and performance in product development [J]. The Learning Organization, 2011, 18 (3): 224 - 238.

[250] Kyriakopoulos, K. Improvisation in product innovation: the contingent role of market information sources and memory types [J]. Organization Studies, 2011, 32 (8): 1051 - 1078.

[251] Lazaric N., Raybaut A. Knowledge, hierarchy and the selection of routines: an interpretative model with group interaction [J]. Journal of Evolutionary Economics, 2005 (15): 393 - 421.

[252] Leenders R. T. A. J., van Engelen J. M. L., Kratzer J.. Virtuality, communication, and new product team creativity: a social network perspective [J]. Journal of Engineering and Technology Management, 2003, 20 (1 - 2): 69 - 92.

[253] Levallet, N., Chan, Y. E. The role of information systems in organizational improvisation: a perspective based on two complementary theories [J]. Americas, Conference on Information Systems: Chicago, Illinois, 2013.

[254] Levinthal D, Rerup C. Crossing an apparent chasm: Bridging mindful and less - mindful perspectives on organizational learning [J]. Organization Science, 2006 (17): 502 - 513.

[255] Levitt B, March J G. Organizational learning [J]. Annual Review of Sociology, 1988, 14 (1): 319 - 338.

[256] Leybourne S, Kennedy M. Learning to improvise, or improvising to learn: knowledge generation and innovative practice' in project environments [J].

Knowledge and Process Management, 2015, 22 (1): 1 -10.

[257] Li, M. and X. Zhang. A meta - analysis of self - assessment and language performance in language testing and assessment [J]. Language Testing, 2021 (2): 189 -218.

[258] Limb CJ, Braun A R. Neural substrates of spontaneous musical performance: An fMRI study of jazz improvisation [J]. Plos One, 2008, 3 (2): e1679.

[259] Lin T, Hsu J S, et al., Understanding the role of behavioural integration in ISD teams: an extension of transactive memory systems concept [J]. Information Systems Journal, 2012, 22 (3): 211 -234.

[260] Luquet W. Everything I Know About Teaching I Learned From Jazz [J]. Journal of Effective Teaching, 2015 (15): 60 -68.

[261] Maddux W W, Galinsky A D. Cultural borders and mental barriers: the relationship between living abroad and creativity [J]. J Pers Soc Psychol, 2009, 96 (5): 1047 -1061.

[262] Magni M, Proserpio L, Hoegl M, et al., The role of team behavioral integration and cohesion in shaping individual improvisation [J]. Research Policy, 2009, 38 (6): 1044 -1053.

[263] Mairesse J, Mohnen P. Intellectual property in services: What do we learn from innovation surveys [C]. Patents, Innovation and Economic Performance, 2004: 227 -245.

[264] Malerba, F., Orsenigo L. Technological regimes and firm behavior [J]. Industrial and Corporate Change, 1993, 2 (1): 45 -71.

[265] March J G, Simon H. Organizations [M]. New York: Wiley, 1958.

[266] March. J. G., Schulz, M., Zhou, X. The Dynamics of Rules: Change in Written Organizational Codes [M]. Stanford, CA: Stanford University Press, 2000.

[267] March, J. G.. Exploration and Exploitation in Organizational Learning [J]. Organization Science, 1991 (2): 71 -87.

[268] Markus M. L. Toward a Theory of Knowledge Reuse: Types of Knowledge Reuse Situations and Factors in Reuse Success [J]. Journal of Management Information Systems, 2001, 18 (1): 57-93.

[269] Mcknight, B., and Bontis, N. E-improvisation: collaborative groupware technology expands the reach and effectiveness of organizational improvisation [J]. Knowledge and Process Management, 2001 (9): 219-227.

[270] Mednick S. The associative basis of the creative process [J]. Psychological review, 1962, 69 (3): 220.

[271] Mehta R, Zhu R J, Cheema A. Is Noise Always Bad? Exploring the Effects of Ambient Noise on Creative Cognition [J]. Journal of Consumer Research, 2012, 39 (4): 784-799.

[272] Melissa B, Patricia M. Music Therapy with Alzheimer's patients and their family caregivers: A pilot project [J]. Journal of Music Therapy, 2003, 40 (2): 138-50.

[273] Meyer, J. W. and Rowan, B. Institutionalized Organizations: Formal Structure as Myth and Ceremony [J]. American Journal of Sociology, 1977, 83: 340-363.

[274] Miner, A. S., Bassoff, P and Moorman, C. Organizational improvisation and learning: a field study [J]. Administrative Science Quarterly, 2001, 46 (2): 304-337.

[275] Moenaert R. K., Souder W. E., Meyer A. D., Deschoolmeester D.. R & D-marketing integration mechanisms, communication flows, and innovation success [J]. Journal of Product Innovation Management, 1994, 11 (1): 31-45.

[276] Moorman C, Miner AS. The convergence of planning and execution: Improvisation in new product development [J]. Journal of Marketing, 1998a, 62 (3): 1-20.

[277] Moorman C, Miner A S. Organizational improvisation and organizational memory [J]. Academy of Management Review, 1998b, 23 (4): 698-723.

[278] Morgan N A, Katsikeas C S, Vorhies D W. Export marketing strategy implementation, export marketing capabilities, and export venture performance [J]. Journal of the Academy of Marketing Science, 2011, 40: 271-289.

[279] Mumford M D. Managing Creative People: Strategies and Tactics for Innovation [J]. Human Resource Management Review, 2000, 10 (3): 313-351.

[280] Nadler, D. A., Tushman, M. L.. Organizational frame bending: principles for managing reorientation [J]. The Academy of Management Executive, 1987, 3 (3): 194-204.

[281] Nelson, R. R., S. G. Winter. An Evolutionary Theory of Economic Change [M]. Harvard University Press, Cambridge, 1982.

[282] Nemanich, L. A., Keller, R. T., Vera, D. T., and Chin, W. W. Absorptive capacity in R & D project teams: A conceptualization and empirical test [J]. IEEE Transactions on Engineering Management, 2010, 57 (4): 674-688.

[283] Nonaka, I., Takeuchi, H. The Knowledge-Creating Company [M]. Oxford University Press, New York, 1995.

[284] Nonaka, I. The knowledge creating company [M]. Harvard Business Review, 1991.

[285] Nonaka, I., Konno, N.. The Concept of 'Ba': Building a Foundation for Knowledge Creation [J]. California Management Review, 1998, 40 (3): 40-54.

[286] OECD. What are the gender differences and the labour market outcomes across the different fields of study [J]. Education Indicators in Focus, 2017 (5).

[287] Orlikowski W J. Improvising Organizational Transformation overtime: A Situated Change Perspective [J]. Information Systems Research, 1996, 7 (1): 63-92.

[288] Paruchuri S, Eisenman M. Microfoundations of Firm R & D Capabilities: A Study of Inventor Networks in a Merger [J]. Journal of Management Studies, 2012, 49 (8): 1509-1535.

[289] Pasmore W A. Special Issue: Jazz Improvisation and Organizing [J]. Organization Science, 1998, 9 (5): 562 -568.

[290] Pentland, B. T. The foundation is solid, if you know where to look: comment on Felin and Foss [J]. Journal of Institutional Economics, 2011 (7): 279 -293.

[291] Pertti H. Lounamaa, James G. March. Adaptive Coordination of a Learning Team [J]. Management Science, 1987 (33): 107 -123.

[292] Prajogo, D. I. and Sohal, A. S. The relationship between TQM practices, quality performance, and innovation performance: an empirical examination [J]. The International Journal of Quality and Reliability Management, 2003, 20 (8/9): 901 -918.

[293] Prescott J E. Competitive intelligence: lessons from the trenches [J]. Competitive Intelligence Review, 2001, 12 (2): 5 -19.

[294] Ratten V, Hodge J. So much theory, so little practice: a literature review of workplace improvisation training [J]. Industrial and Commercial Training, 2016, 48 (3): 149 -155.

[295] Reagans, R., Argote, L., and Brooks, D. Individual experience and working experience together: predicting learning rates from knowing who knows what and knowing how to work together [J]. Management Science, 2005, 51 (6): 869 -881.

[296] Ren, Y., and Argote, L. Transactive memory systems 1985 -2010: An integrative framework of key dimensions, antecedents, and consequence [J]. Academy of Management Annals, 2011, 5 (1): 189 -229.

[297] Ritter, T. and Gemünden, H. G. The Impact of a Company's Business Strategy on Its Technological Competence, Network Competence and Innovation Success [J]. Journal of Business Research, 2004, 57 (5): 548 -556.

[298] Romero - Naranjo, Javier F. Body Percussion and Memory for Elderly People Through the BAPNE Method [J]. Procedia - Social and Behavioral Sci-

ences, 2014, 132: 533 -537.

[299] Ross, S. Self - assessment in second language testing: A meta - analysis and analysis of experiential factors [J]. Language Testing, 1998 (1): 1 -20.

[300] Safdie E, Edwards R. Knowledge is power for governments and business alike [Z]. Government Issues Whitepaper, 1998. 10. 31.

[301] Salvato C. , Rerup C. Beyong collective entities: multilevel research on organizational routines and capabilities [J]. Journal of Management, 2011, 37 (2): 468 -490.

[302] Samra Y M, Lynn G, Reilly R R. Effect of improvisation on product cycle time and product success: a study of new product development (NPD) teams in the United States [J]. International Journal of Management, 2008, 25 (1): 170 -200.

[303] Sawyer, R. K. Structure and improvisation in creative teaching [M]. Cambridge: Cambridge University Press, 2011.

[304] Simone Guercini, Antonella La Rocca, Andrea Runfola, Ivan Snehota. Interaction behaviors in business relationships and heuristics: Issues for management and research agenda [J]. Industrial Marketing Management, 2014, 43 (6): 929 -937.

[305] Singley M K, Anderson J R. The Transfer of Cognitive Skill [M]. Harvard University Press, 1989.

[306] Snowden, D. New Wine in Old Wineskins: From organic to complex knowledge management through the use of story [J]. A Journal of Complexity Issues in Organizations and Management, 2000: 50 -64.

[307] Spolin V. Improvisations for the Theater [M]. Evanston: Northwestern University Press, 1963.

[308] Stacey, R. E. Complexity and Creativity in Organizations [M]. San Francisco: Berrett - Koehler, 1996.

[309] Stein, E. W. , Zwass. Actualizing Organizational Memory with Informa-

tion Systems [J]. Information Systems Research, 1995, 6 (2): 85 - 117.

[310] Stene E O. An approach to a science of administration [J]. The American Political Science Review, 1940, 34 (6): 1124 - 1137.

[311] Sundstrom, E., De Meuse, K. P., Futrell, D. Work teams: Applications and effectiveness [J]. American Psychologist, 1990 (45): 120 - 133.

[312] Suzuki M, Kanamori M, Watanabe M, et al., Behavioral and endocrinological evaluation of music therapy for elderly patients with dementia [J]. Nursing and Health ences, 2010, 6 (1): 11 - 18.

[313] Szulanski, G. Exploring internal stickiness: Impediments to the transfer of best practice within the firm [J]. Strategic Management Journal (special issue), 1996, (17): 27 - 44.

[314] Szulanski, G. The process of knowledge transfer: a diachronic analysis of stickiness [J]. Organizational Behavior and Human Decision Processes, 2000, 82 (1): 9 - 27.

[315] Taylor S E, Brown J D. Illusion and well - being: a social psychological perspective on mental health [J]. Psychological bulletin, 1988, 103 (2): 193.

[316] Teece D J, Pisano G, Shuen A. Dynamic Capabilities and Strategic Management [J]. Strategic Management Journal, 1997, 18 (7): 537 - 533.

[317] Thorndike, E. L. Animal intelligence: an experimental study of the associative processes in animals [J]. The Psychological Review: Monograph Supplements, 1898, 2 (4): 1 - 109.

[318] Tidd, J. The competence cyclees: Translating knowledge into new processes, product and services [J]. From knowledge Management to Strategic Competence: Measuring Technological, Market and Organizational Innovation, Imperial College Press, 2000.

[319] Torrance E. Predictive validity of the Torrance tests of creative thinking [J]. The Journal of Creative Behavior, 1972, 6 (4): 236 - 262.

[320] Tyre M J, Von Hippel E. The situated nature of adaptive learning in or-

ganizations [J]. Organization Science, 1997 (8): 71 -83.

[321] Vera D, Crossan M. Theatrical Improvisation: Lessons for Organizations [J]. Organization Studies, 2004, 25 (5): 727 -749.

[322] Vera D, Nemanich L, Velez - Castrillon S, et al., Knowledge - Based and Contextual Factors Associated with R and D Teams' Improvisation Capability [J]. Journal of Management, 2016, 42 (7): 1874 -1903.

[323] Vera D, Nemanich L, Velez - Castrillon S, et al., Knowledge - Based and Contextual Factors Associated with R and D Teams' Improvisation Capability [J]. Journal of Management, 2014 (4): 1 -30.

[324] Vera D, Crossan M. Improvisation and Innovative Performance in Teams [J]. Organization Science, 2005 (16): 203 -224.

[325] Verheul, I., Thurik, R., Hessels, J., van der Zwan, P. Factors influencing the entrepreneurial engagement of opportunity and necessity entrepreneurs [J]. Eurasian Business Review, 2016 (6): 273 -295.

[326] Victoria L M. Knowledge integration and information technology project performance [J]. MIS Quarterly, 2006, 30 (4): 919 -939.

[327] Vromen J. J. Routines as multilevel mechanism [J]. Journal of institutional economics, 2011, 7 (2): 175 -196.

[328] Walsh, J. P. and Ungson, G. R. Organizational Memory [J]. Academy of Management Review, 1991, 16 (1): 57 -91.

[329] Walsh, J. N. and Lannon, J. Dynamic knowledge management strategy development in international non - governmental organizations [J]. Knowledge Management Research and Practice, in press, 2020: 1 -12.

[330] Wang, H., Barney, J. Employee incentives to make firm - specific investments: Implications for resourcebased theories of corporate diversification [J]. Academy of Management Review, 2008 (31): 466 -476.

[331] Wegner D M. A computer network model of human transactive memory [J]. Social Cognition, 1995, 13 (3): 319 -339.

[332] Weick K E. Introductory essay: Improvisation as a mindset for organizational analysis [J]. Organization Science, 1998a, 9 (5): 534-555.

[333] Weick K E. The collapse of sense marking in organizations the Mann Gulch disaster [J]. Administrative Science Quarterly, 1993, 38 (2): 628-651.

[334] Weick K E. The collapse of sensemaking in Organizations: Mann Gulch disaster [J]. Administrative Science Quarterly, 1998b, 38 (2): 628-652.

[335] Weick, K. Karl, E. Organized improvisation: 20 years of organizing [J]. Communication Studies, 1989, 40: 241-248.

[336] Whitcomb R. Rhythmic characteristics of improvisational drumming among preschool children [J]. Research and Issues in Music Education, 2010, 8 (1): 9.

[337] Wilkins, A. L. and Bristow, N. J. For Successful Organization Culture, Honor Your Past [J]. Academy of Management Executive, 1987, 1 (3): 221-228.

[338] Winter, S. G. The satisficing principle in Capability learning [J]. Strategic Management Journal, 2000 (21): 981-996.

[339] Winter, S. G. Understanding dynamic capabilities [J]. Strategic Management Journal, 2003 (24): 991.

[340] Wright R, Kanellopoulos P. Informal music learning, improvisation and teacher education [J]. British Journal of Music Education, 2010, 27 (1): 71-87.

[341] Yogesh Malhotra. Knowledge management for the new world of business [J]. The Journal for Quality and Participation, 1998.

[342] Yorton, T., and Leonard, K. Yes, and: How improvisation reverses "No, but" thinking and improves creativity and collaboration—lessons from the second city [D]. New York: Harper Business, 2015.

[343] Zack Michael H. Managing Codified Knowledge [J]. Sloan Manage-

ment Review, 1999, 40 (4): 45 -58.

[344] Zahra, S. A., Sapienza, H. J., Davidsson, P. Entrepreneurship and dynamic capabilities: A review, model and research agenda [J]. Journal of Management Studies, 2006, 43 (4): 917 -955.

[345] Zollo, M., Winter, S. G. Deliberate Learning and the Evolution of Dynamic Capabilities [J]. Organization Science, 2002 (13): 339 -351.

[346] Zucker, L. G., Darby, M. R. Capturing technological opportunity via japan's star scientists: evidence from Japanese firms' biotech patents and products [J]. Journal of Technology Transfer, 1996 (26): 37 -58.

附录 A

科研人员调查问卷

第一部分：主问卷

尊敬的女士/先生：

您好！感谢您在百忙之中抽出时间参与我们的调查。本调查旨在探索研发人员即兴对创新绩效的影响，研究结果能为完善科研人员即兴管理提供对策建议。

问卷填写采用无记名方式，答案无对错之分，所有资料仅供学术研究之用，我们对您所提供的所有信息绝对保密，请您根据真实状况及个人感受回答。您和您所在团队/项目组的实际情况与下列描述进行对比，对下列每个项目的开展程度进行打分，并请在右栏中（1－7：完全不同意－完全同意）勾选出合适的数字：1－完全不同意、2－比较不同意、3－有些不同意、4－尚可、5－有些同意、6－比较同意、7－完全同意。

创新绩效（请根据您所在团队/项目组近三年在研发活动中的具体表现填写以下问项）	1→7：完全不同意→完全同意						
与同行相比，我们常常在业内率先推出新产品或新服务	1	2	3	4	5	6	7
与同行相比，我们常常在行业内率先应用新技术	1	2	3	4	5	6	7
与同行相比，我们的产品改进与创新有非常好的市场反应	1	2	3	4	5	6	7
与同行相比，我们的产品包含一流的先进技术与工艺	1	2	3	4	5	6	7
与同行相比，我们的新产品开发率非常高	1	2	3	4	5	6	7

续表

最小结构（请根据您所在团队/项目组近三年研发活动的具体表现填写以下问项）	1→7：完全不同意→完全同意						
即使未经批准，我们也能在创新设计时自由进行各种尝试	1	2	3	4	5	6	7
即使未经批准，我们也能在创新设计时自行决策	1	2	3	4	5	6	7
即使未经批准，我们也能在创新设计时实施自己的想法	1	2	3	4	5	6	7
我们有非常清晰的目标	1	2	3	4	5	6	7
上级曾经对我们预期实现的目标给予明确的指导	1	2	3	4	5	6	7
我们对预期实现的目标有深刻的理解	1	2	3	4	5	6	7
即兴能力（请根据您所在团队/项目组近三年研发活动的具体表现填写以下问项）	1→7：完全不同意→完全同意						
我们能当场处理预料之外的问题	1	2	3	4	5	6	7
在处理某些问题时我们能边思考边执行	1	2	3	4	5	6	7
对预料之外的问题我们能立即做出反应	1	2	3	4	5	6	7
对出现的问题我们总有新的解决方案	1	2	3	4	5	6	7
我们能在新的工作进程中识别出对我们发展有利的机会	1	2	3	4	5	6	7
在提出完成任务的新想法时我们能承担风险	1	2	3	4	5	6	7
我们在完成任务的过程中表现出原创性	1	2	3	4	5	6	7
我们能有效利用当下可获得的物质资源来解决问题	1	2	3	4	5	6	7
我们能有效利用当下可获得的社会关系资源来解决问题	1	2	3	4	5	6	7
我们能有效利用当下可获得的认知资源（包括大脑意识中的所有概念、规则、事实和知识等）来解决问题	1	2	3	4	5	6	7

知识交互（请根据您所在团队/项目组近三年在研发活动中的具体表现填写以下问项）	1→7：完全不同意→完全同意						
我们清楚知道团队中其他成员擅长什么和不擅长什么	1	2	3	4	5	6	7
我们都知道采取什么样的方式方法才能协作得更好	1	2	3	4	5	6	7
我们能充分利用在其他项目中积累的专业技术知识	1	2	3	4	5	6	7
对于其他公司开发的新技术，我们总有人能很快将其集中并在团队内部分享	1	2	3	4	5	6	7
对于其他公司开发的新技术，我们总有人能够收集到这些信息	1	2	3	4	5	6	7
对于其他公司开发的新技术，我们总有人善于发现这些信息	1	2	3	4	5	6	7

第二部分：基本信息

1. 您的性别

①男　　②女

2. 您的年龄是

①20~25岁　②26~30岁　③31~35岁　④36~40岁　⑤41岁及以上

3. 您的学历是

①大专以下　②大专　③本科　④硕士　⑤博士

4. 您目前服务企业的性质

①国有企业　②合资/外资企业　③民营/私营企业　④党政机关或事业单位　⑤其他

5. 您目前服务企业的规模

①50人及以下　②51~250人　③251~500人　④501~1000人　⑤1000人以上

6. 您所服务的企业的成立年限

①1~5年（不包含5年）　②5~10年（不包含10年）　③10~15年（不包含15年）　④15~20年（不包含20年）　⑤20年及以上

7. 您所服务的企业所属行业

①电力/热力/燃气/水生产和供应业

②建筑业

③医药/航空航天/电子通信设备/计算机及办公设备等高技术制造业

④其他传统制造业 ______（请注明）

⑤信息传输/软件和信息技术/电子商务服务

⑥科学研究和技术服务业/知识产权及相关法律服务

⑦环境监测及治理服务

⑧租赁和商务服务业（知识产权及相关法律服务除外）

⑨交通运输/仓储/邮政业

⑩批发/零售/住宿和餐饮服务业

⑪教育/卫生/文化/体育和娱乐业

⑫金融业

⑬房地产业

⑭公共管理/社会保障和社会组织

⑮其他服务业 ______（请注明）

8. 到目前为止，您在本行业的工作年限

①1～3年（不包含3年） ②3～5年（不包含5年） ③5～7年（不包含7年） ④7～10年（不包含10年） ⑤10年及以上

9. 您在本团队的工作时间

①1年以下 ②1～3年（不包含3年） ③3～5年（不包含5年） ④5～10年（不包含10年） ⑤10年及以上

附录 B

科研人员访谈提纲

1. 您所处的研发团队的工作氛围如何？怎样看待目前的工作氛围？谈谈这种工作氛围对团队的研发进程或者是人员的创新性行为有什么影响？

2. 您所在的研发团队成员的专业背景是一致的，还是来自于不同的专业领域？日常在研发项目进程中，你们是如何合作的？当面临突发情况时，你们是如何合作以应对挑战的？

3. 在工作中当您灵感迸发、有新颖的想法时，但这种想法可能会没有结果或者可能会出现新的无法预料的风险和困难时，您还会继续吗？您可以结合您参与过或者目前正在进行的研发项目具体谈一谈。

4. 您团队的项目讨论会频繁吗？在项目讨论会中，领导会给充分的自由空间让成员畅所欲言吗？当您觉得您的意见和建议与领导的方向相冲突，或者说你预见到领导的想法可能会出现问题时，您会提出自己的想法吗？

6. 在工作中您有多大的自主性？您在发挥自主性时领导是什么态度？

7. 在公司里上下级的界限分明吗？您认为这种上下级界限是有利还是不利于员工的即兴和创新？为什么？

8. 工作目标是由管理层全权制定还是管理层和员工共同制定？公司对研发人员任务的完成是否有明确清晰的目标及执行计划？工作目标对您的创新行为有什么影响？

9. 在研发工作中，您是倾向于领导制定清晰的目标并进行明确的工作指导，还是倾向于有充分的自由发挥空间、自由地进行各种尝试？

10. 公司的绩效考核是过程导向还是结果导向？研发人员对公司目前考核方式的看法如何？绩效考核方式对您和您团队的研发工作有影响吗？如何影响的？您可以结合具体的研发项目谈谈。

附录 C

在校研究生调查问卷

同学您好：

感谢您在百忙之中抽出时间参与我们的调查。此问卷填写采用无记名的方式，请您根据真实状况作答。事后我们会在班级群里发红包，以感谢大家的鼎力配合。

第一步：请圈出您认为正确的答案。（单选题）

1. 爵士乐源自哪个国家？

A. 俄罗斯　　B. 美国　　C. 芬兰　　D. 荷兰

2. 您是否在现场或在视频中欣赏过爵士乐或类似的街头表演吗？

A. 是　　B. 否

第二步：请根据个人感受和认知，将您和您所在学习小组或课程小组的实际情况与下列描述进行对比，并基于您个人的实际情况对下面的语句进行打分，并请在右栏中（1→7：完全不同意→完全同意）勾选出合适的数字：1 – 完全不同意、2 – 比较不同意、3 – 有些不同意、4 – 尚可、5 – 有些同意、6 – 比较同意、7 – 完全同意。

	1→7：完全不同意→完全同意						
我们在完成小组任务时对意料之外的问题能立即做出反应	1	2	3	4	5	6	7
我们在完成小组任务时对意料之外的问题总有新的解决方案	1	2	3	4	5	6	7
我们在完成小组任务时能边思考边执行	1	2	3	4	5	6	7
我们在完成小组任务的过程中表现出一定的原创性	1	2	3	4	5	6	7
我们在完成小组任务的过程中能有效利用手头可获得的物质资源（如图书和电子资源）来解决问题	1	2	3	4	5	6	7

续表

	1→7：完全不同意→完全同意						
我们在完成小组任务时能识别出对我们个人发展有利的机会	1	2	3	4	5	6	7
我们在提出完成小组任务的新想法时能承担风险	1	2	3	4	5	6	7
我们在完成小组任务的过程中能有效利用手头可获得的社会关系资源来解决问题	1	2	3	4	5	6	7
我们在完成小组任务的过程中能有效利用手头可获得的认知资源（包括大脑意识中的所有概念、规则、事实和知识等）来解决问题	1	2	3	4	5	6	7

第三步：请根据个人感受和认知，将您和您所在学习小组或课程小组的实际情况与下列描述进行对比，并基于您个人的实际情况对下面的语句进行打分。

	1→7：完全不同意→完全同意						
即使未经任课教师或指导老师批准，我们也能在完成小组任务时自由进行各种尝试	1	2	3	4	5	6	7
任课教师或指导老师对我们预期实现的目标给予明确的指导	1	2	3	4	5	6	7
即使未经任课教师或指导老师批准，我们也能在完成小组任务时实施自己的想法	1	2	3	4	5	6	7
我们在完成小组任务时有非常清晰的目标	1	2	3	4	5	6	7
即使未经任课教师或指导老师批准，我们也能在完成小组任务时自行决策	1	2	3	4	5	6	7
我们在完成小组任务时对预期实现的目标有深刻的理解	1	2	3	4	5	6	7

第四步：请根据个人感受和认知，将您和您所在学习小组或课程小组的实际情况与下列描述进行对比，并基于您个人的实际情况对下面的语句进行打分。

	1→7：完全不同意→完全同意						
我们在完成小组任务时把犯错误看成是学习的动力	1	2	3	4	5	6	7
我们在完成小组任务时被鼓励进行各种尝试	1	2	3	4	5	6	7
我们在完成小组任务时被鼓励采取积极主动的行为	1	2	3	4	5	6	7
我们在完成小组任务时被鼓励提出冒险的想法	1	2	3	4	5	6	7

第五步：请根据个人感受和认知，将您和您所在学习小组或课程小组的实际情况与下列描述进行对比，并基于您个人的实际情况对下面的语句进行打分。

	1→7：完全不同意→完全同意						
我们在完成小组任务时从其他成员那里获得了很多重要的信息或知识	1	2	3	4	5	6	7
我们从小组其他成员那里学到的知识、技术和能力已经运用到自己的学习和生活中	1	2	3	4	5	6	7
我们在完成小组任务时从其他成员那里学到了很多关键的方法、技术和能力	1	2	3	4	5	6	7
通过向小组其他成员学习，我们提高了自己的能力和水平	1	2	3	4	5	6	7

第六步：请您填写以下个人信息：

1. 您的性别：______（单选）

①男　②女

2. 您的生源地：______（单选）

①华北地区（北京、天津、河北、山西、内蒙古）

②东北地区（辽宁、吉林、黑龙江）

③华东地区（上海、江苏、浙江、江西、安徽、福建、山东）

④中南（河南、湖北、湖南、广东、广西、海南）

⑤西南（重庆、四川、贵州、云南、西藏）

⑥西北（陕西、甘肃、青海、宁夏、新疆）

3. 您的手机尾号后四位：

创新能力测量（前测）

1. 您的性别：

①男　②女

2. 手机尾号后四位：

3. 请仔细阅读以下材料并作答：

桌子上放了装满图钉的图钉盒、能够点燃的蜡烛以及火柴，你需要利用这些材料解决下面的问题——“如何将点燃的蜡烛固定在墙上后，并使其因燃烧形成的蜡油不会滴到地上或者桌子上”。

需要注意的是：

你只能用桌子上现有的物品来解决问题。

请写下你的做法：

创新能力测量（后测）

你刚刚毕业，找到了一个不错的工作，下周就要去报到。今天你要去参加公司的晚宴。在宴会上你可能会被老板叫到台前，并把你介绍给其他同事。你找出一件黑色的正装，准备穿着它去参加晚宴，这时你才发现你的鞋子已经磨损得很厉害了。这双鞋是唯一能和你的衣服搭配的，而且真的没有其他衣服可以穿了。你家里的鞋油也用光了。如果你想准时到达的话，你必须在2分钟内离开，并且在你家附近、公司附近以及从家到公司的路上均没有商店和购物中心。现在你打算怎么做？

附录 D

即兴游戏

指导语：

你将与同伴合作，按照下列话题清单进行互动，互动时间为 15 分钟。你们两个人的行为是相互影响的。有以下两点注意事项：

1. 手持清单的同学首先大声读出互动题目，同伴必须按照“Yes, And”的原则进行回应，不得批评、否定和讽刺。然后手持清单的同学再回应，直到话题聊尽为止。这时开始下一个互动题目。

2. 在 15 分钟的互动过程中，你和同伴不一定要聊完清单上的所有话题，只要保持互动即可。

互动话题清单

1. 昨天有学生在良乡校园的人工湖里捞到了一条 9 斤重的大鱼
2. 有个 7 岁的小孩被清华大学破格录取了
3. 故宫要在我们学校开展览馆了
4. 蔡徐坤要来我校当客座教授了
5. 苹果公司被华为收购了
6. 周杰伦要来良乡校区开演唱会了
7. 美国开始打内战了
8. 文三楼朝西的那面墙变成涂鸦墙了，每个人都可以在上面随意涂鸦
9. 喜茶入驻我校食堂了
10. LV 公司宣布从明年开始停止生产全部箱包皮具

11. 人类已经将月球改造成宜居星球了，5年后就可以去月球生活了

12. 哈佛大学在中国开分校了

13. 根据最新的高校专业排名，咱们学校的经管类专业排进了全国前十名

14. 郭敬明要来我校拍《小时代》了